김봉구 교수의 경쟁 없는 삶에 대한 독백

바다는 비에 젖지 않는다

김봉구 수필집

도서출판
진실한 사람들

바다는 비에 젖지 않는다

김봉구 수필집

도서출판
진실한 사람들

| 작가의 말 |

경쟁 없는 삶에 대한 독백

　내가 쓴 글은 지금까지 살아오면서 직접 체험하고 느낀 흥미 위주의 스토리이다. 기록한다는 것은 할 말이 있고 또 전하고 싶은 목표가 있을 때 빛난다. 직장생활을 하면서 살아온 과정을 소박하게 쓰고 싶었던 의도가 이 짧은 글을 쓰게 이끌었다. 독자를 생각하면서도 설득이 아닌 흥미와 관심을 불러 일으키는 데에 지향점이 있다. 그러니 쉬어가는 코너에 나올만한 제재를 골라 내 중심으로 글을 쓰되 항상 독자의 흥미를 상상했다. 어떻게 보면 내 중심의 생각을 토대로 자유롭게 쓴 글에 가깝다. 독자들이 보면 인생을 살아가면서 가십을 보는 것 같은 기분이 들 수도 있다.
　글을 쓰기 위해서 주제를 선정하는 것이 무엇보다 어렵다. 제재를 중심으로 주제가 선정되면 소재를 하나의 흐름으로 이야기를 전개해 나간다. 이 과정에서 내가 생각하고 느끼는 점을 묘사하는 일은 어렵다. 에세이를 쓰는 주안점이 여기 있는 것이 아닌가. 내가 주관적으로 생각하는 감정을 글로 옮기는 데는 서정성을 높이는 것이 중요하다. 서정적인 서술을 통해 인생에 어떤 의미가 있는가를 밝히는 것이 읽는 이들에게 영감을 줄 수 있지 않을까. 나는 독자들과 감상할 수 있게끔 여운을 남기고 싶지만 그게 쉽지 않다.

이 글의 제재는 주로 내 생애에서 가장 활발한 시기인 교수직에 있을 때 일어난 일들이다. 오랜 세월을 직장생활로 보내면서 보통 사람이 경험하기 어려운 일들을 체험하게 된 짧은 스토리를 엮은 것들이다. 짧은 스토리를 굵게 극적으로 묘사하고 서사하여 감동을 주기는 어려운 일이다. 에세이 쓰기에서 내가 겪은 사실에 대한 생각과 느낌을 형상화하는 것 또한 어렵다. 생각과 감정을 글로 상대방에게 느낌이 와닿도록 만드는 일은 예술과 같다. 극적인 상황을 만들어야 감명을 줄 수 있지 않겠는가.

이 에세이를 쓰면서 많은 것을 배웠다. 일생동안 딱딱한 논문을 쓰면서 독자들에게 나의 주장을 설득하려는 논리성과 객관성을 강조해왔다. 지금은 주관적인 체험을 토대로 생각과 감정을 표현하며 독자들과 공감을 형성하고자 하고 있으니 과거와는 완전히 딴판이다. 솔직하게 쓰고 생각나는 대로 느낌을 형상화하는 것이 쉽지 않음을 다시금 느낀다. 그러면서도 이것이 우리가 살아가는 장르에서 어떤 의미를 지니게 되는지도 상상해본다. 나는 문인들의 창작반수업에 합류하면서 글을 쓰는 창작활동의 소중함을 깨닫는다. 에세이는 시작에서부터 끝날 때까지 모두 창작의 영역 내에서 이루어져서 삶의 활력을 다시 찾은 느낌이다.

  참고문헌 없는 대가들이 쓴 논문을 읽은 적이 있다. 감탄했다. 창작의 달인이 아니고서는 발표할 수 없는 대단한 작품이기 때문이다. 수생반에서 쓰는 수필은 하나 같이 작가의 독창성이 묻어나는 글들이다. 경탄해 마지않는다. 나의 글은 자신을 뒤돌아보는 단막극으로 시도되었다. '경쟁 없는 삶'은 나를 뒤돌아보고 후회하게 만들었다. 부부가 남미여행을 갈 때까지도 몰랐으나 '남미 여인들이 걸어가는 뒷모습'을 대형 화폭에 그림으로 옮긴 작품을 보면서 제재를 찾아 폭넓게 활동했던 그녀를 떠올렸다. 나는 늦게나마 수생반에서 지도교수와의 대화 중에 10년 전에만 이 과정을 시작했더라면 하고 아쉬워했던 적이 있다. '늦었다고 생각할 때가 인생에서는 늦지 않을 수 있다'는 진리를 발견한 것처럼 나는 기쁘게 받아들였다.

  이 책에서는 '안암에서 신촌으로'라는 학생운동의 다큐멘터리도 다룬다. 이어 나의 '경쟁 없는 삶'에 대하여 독백한다. 그 밖에 '크루즈 여행'을 비롯해서 '간절한 소원'과 '없는 집 제사 돌아오듯'이 포함된다. 다음 책에서는 더 나은 에세이의 진수를 기대하면서.

_ 2025년 5월

김 봉 구

차례

작가의 말 • 5
서 평 | 권대근 • 256

1부 안암에서 신촌으로

끝없는 사랑 | 15
강의는 예술이다 | 19
에세이의 진수를 찾아서 | 23
일시 멈추다 | 27
안암에서 신촌으로 | 32
불가능한 일 | 37
시위 현장은 불바다 | 42
재건축을 위해 | 46
낭만을 모른다 | 50
농민의 시름 | 55

2부 크루즈 여행

허들 넘기 | *63*

바람개비 | *68*

크루즈 여행 | *72*

실마리를 찾아서 | *77*

가뭄 속으로 | *82*

엄한 그룹토론 | *86*

허망한 꿈 | *91*

한글로 영어 말하다 | *96*

초청 강연 | *101*

신의 영역 | *106*

3부 경쟁 없는 삶

기적 같은 일 | 113

돛단배 | 118

경쟁 없는 삶 | 123

이직의 꿈을 접다 | 127

골프, 분석당하다 | 132

우거 | 137

공동주택 | 141

한때의 기억 | 146

주택지의 실체 | 150

어민, 가난을 벗어나 | 155

4부 간절한 소원

고지전 | *161*

간절한 소원 | *165*

내일을 위한 하루 | *170*

가르치지 않는 것들 | *174*

나의 사랑하는 시간 | *179*

어머니의 자긍심 | *184*

평창동 | *188*

소중한 것 | *193*

일깨우다 | *197*

뒤풀이 | *201*

5부 없는 집 제사 돌아오듯

놀라운 반응 | 209

돈 버는 길 | 214

없는 집 제사 돌아오듯 | 219

캐쉬카우 | 224

강요된 저축 | 229

숲속의 길 | 234

팀티칭의 함정 | 238

바다목장 | 243

우리 땅을 푸르게 | 248

무제한 | 252

제1부

안암에서 신촌으로

끝없는 사랑

　미국 유학은 나를 크게 성장시켜 줄 것으로 생각되었다. 출국할 때 장도금을 주시면서 성공하여 금의환향을 바라는 아버지의 소원이 잊혀지지 않았다. 대학원 석사학위의 교과과정 이수가 끝나고 논문연구를 진행하면서도 경제학과목 수강은 계속 이어졌다. 처음부터 경제학 배경을 튼튼히 하려는 자세가 경제학 석사학위를 추가로 획득하려는 의도로 바뀌었다.

　군 복무가 끝나자 정부의 주사급 공무원시험에 합격했던 이유로 공무원으로 임용한다는 연락을 받았다. 사무관 바로 아래의 직급으로 선망의 대상이라 지인들로부터 칭찬을 받았지만, 정작 나는 그 당시 박한 공무원의 급여로는 서울에서 생활하기가 어렵다는 이유로 거절했다. 일 년간 유학준비를 했다. 안암동 근처에 머물면 지인을 만나 공부에 방해된다고 판단해서 출신 대학과 멀리 떨어진 신촌에서 하숙하면서 유학공부에 몰두했다. 영어강독, 영작문, 영어회화 그리고 유학시험을 대비한 국사 과목까지 다양했다. TOEFL, TOEIC 등 외국 유학생을 위한 전문학원이 없던 시대였다. 그 당시는 정부가 유학시험제도를 통해 해외 유학은 허가했으나 학비 송금 제도는 없었다. 정부가 허용하는 단돈 $100를 들고 미국에 가서 나는 대학원 공부를 시작했다. 운 좋게 파트타임 '잡'으로 디쉬워시를 할 수 있었다.

지도교수는 전공과목 지도에 추가해서 나의 학습의욕을 북돋우어 주었다. 내가 경제학과목을 택하고 싶다고 하면 허락해 주었다. 졸업에 필요한 이수학점을 모두 완료하고 논문연구만 남았을 때도 마찬가지였다. 지도교수의 배려 덕분에 나는 경제학 석사학위과정까지 동시에 이수할 수 있는 포부를 가지게 됐다. 자본주의는 노력하면 할수록 성과를 올릴 수 있고 효율성이 극대화된다. 알면 알수록 성취도가 높아져서 시스템 전체가 효율화되는 것도 마찬가지 이유이다. 나의 유학공부도 이와 같은 이치라고 생각했다. 경제학 과목을 많이 들을수록 경제학 지식이 쌓여서 다른 과목의 이해가 쉬워짐을 느낄 수 있었다.

대학원장실에 가서 나는 직원에게 대학원장 면담을 희망한다는 이야기를 하고 면담이 성사될 수 있도록 도움을 요청했다. 며칠 후 그 직원으로부터 면담이 확정됐다는 통보를 받고 대학원장과 면담했다. 나는 재학생임을 밝히고 요구사항을 말했다. 대학원에서 동시에 두 개의 석사학위과정을 이수할 수 있도록 허가해 달라는 요청이었다. 대학원장은 하나의 석사학위 프로그램을 마친 후 다음의 석사학위과정을 추진하라는 의견을 제시했다. 두 개의 학위과정을 동시에 진행할수록 나에게는 혜택이 많다고 생각했다. 원장께서 '나는 불가능하다고는 결코 말하지 않았다'(I never said, it's impossible.)라고 대답하는 중에 지적한 적이 있었다. 이 말을 듣고 가능성이 조금이라도 있음을 짐작하고 원장실을 나섰다.

미국에서는 합리적인 사고로 일 처리를 함으로, 나는 높은 위치에 있는 사람을 찾아가서 문제를 제기해 보면 해결 가능성이 높아진다고 생각했다. 학교의 행정절차와 규정에만 의존하지 않고 의사결정의 최고 위치에 있는 사람과 대화를 이어가면 성공으로 가는 경우가 있음을 이번 면담이 증명해주는 것 같았다. 대학원장과 오랜 시간 면담을 하는 과정에서 '안 되면 되게 하라'라는 관점에서 논의를 계속하다보니 실마리를 찾을 수 있었다. 원장께서 '불가능하다고 말하지 않았다'는 대목에서 나는 가능한 방법을 찾을 수 있는 힌트라고 착안했다. 바로 이 점이 나의 경제학 석사학위 프로그램을 성공적으로 추진할 수 있는 근거가 되었다. '언덕이 있어야 비빌 수 있다'는 속담처럼 나는 의지할 방법을 찾은 것 마냥 기쁨을 느꼈다.

나는 대학원에 경제학 석사학위과정 입학을 위한 정식입학요청 서신(application letter)을 작성하기로 했다. '뜻이 있으면 길이 있다'는 신념을 가지고 추진했다. 그 편지는 본인의 서명에 이어 서식 하단부 왼쪽에 경제학과 지도교수와 오른쪽에 임학과 지도교수의 서명을 받은 후 대학원에 우편으로 발송했다. 이 주쯤이 지난 다음에 대학원장의 회신을 받았다. "경제학 석사학위 프로그램이 강력하다면 입학허가서를 발부한다"는 내용이었다. 대학원의 입학허가 의향서를 경제학과 지도교수님께 보여드리고 경제학 석사학위 심사위원회 구성을 서둘렀다.

심사위원을 맡아주실 교수님들과 의논하여 학위를 위한 필수 이수 과목을 지정받았다. 그 결과와 경제학 석사학위 심사위원회 구성내용을 대학원에 제출한 후 나의 경제학 석사학위 프로그램을 최종 허가받았다. 여기에는 내가 확고한 포부를 가지고 출발하여 대학원의 최고 의사결정권자에게 타당성을 주장했으며, 조그마한 가능성이 있음을 발견하고, 추진방안으로 대학원에 정식제안을 하면서, 경제학과 지도교수와 임학과 지도교수의 승인을 먼저 확보한 것이 결정적인 역할을 했던 것으로 보인다. 대학원으로부터 입학허가를 받았을 때는 이미 경제학석사 학위 이수 과목의 삼 분의 이 이상을 마친 상태였다. 그래서 다음 학기까지 남은 경제학 과목들을 수강하고 다른 모든 조건을 충족시키면, 두 번째 석사학위인 경제학 석사학위를 받을 수 있게 됐다.

지도교수는 자식의 성장을 격려하는 아버지처럼 나의 공부하려는 의지를 확인하자 계속 경제학 과목수강을 허가해 주었다. 나는 조교로서 급여를 계속 받으며 원하는 경제학 과목들을 아무런 어려움이 없이 이수할 수 있었으니 이보다 더 큰 행운이 어디 있겠는가. "학문에 대한 '끝없는 사랑'이 배움은 끝이 없음을 증명해 주었고 또 노력하면 운이 따른다"는 것을 보여준 하나의 좋은 사례가 됐다.

강의는 예술이다

말로 남을 설득하기는 쉽지 않다. 강의가 바로 그렇다. 30분 이상 열심히 강의해야 청중들의 분위기를 한곳에 집중시킬 수 있다. 그나마 다행이다. 영화 한 편을 제작하는 데는 수년이 걸린다. 영화를 촬영하는 데만 1년 이상이 걸리는 경우가 있다. 그런가 하면 가수나 탤런트는 별천지 사람들이다. 전주곡이 있긴 하지만 가수는 한 소절로 청중이 감명을 받고 그 속으로 빨려들게 만든다. 탤런트는 더하다. 물론 많은 준비과정으로 탄생한 창작품이겠지만 하나의 멘트로 청중의 분위기를 웃음바다로 만든다.

강의하는 사람에 따라서는 주제의 핵심내용을 설명하지 못하고 변죽만 울리는 유형이 있다. 핵심을 찌르지 못하고 주변만 맴돌 때는 주제 파악이 덜 된 데에 기인한 것은 아닌지 하는 의심까지 들게 한다. 아주 디테일한 것까지 설명하는 강의는 흥미를 느끼기 어렵다. 말이 너무 빨라서 알아듣기 어려운 경우가 있는가 하면 말을 너무 느리게 설명할 때는 답답함을 느끼게 한다. 강의 내용이 복잡하고 여러 변수가 연관되어 있어서 주제가 난해하다고 느낄 때는 논리를 단순화해서 설명하면 이해가 쉬워진다.

잘 가르쳐야 학생들에게 인기가 있다. 그런 과목에 학생들이 모여든다. 자료준비 없이 진행하는 강의는 내용이 산만해질 수 있어서 학생들의 집중력이 떨어진다. 평소에 잘 알고 있다고 생각한 주제도 준비자료를 만들면서 한 번 더 정리하면 강의 준비가 완벽해진다. 대학에는 학생들에게 과목을 선택할 수 있는 폭이 아주 크다. 많은 학생을 지정된 강의실로 끌어들이기 위해서는 학문적으로 깊이가 있고 내용설명이 독창적일 뿐만 아니라 흥미가 있어야 하며 강의 퍼포먼스도 독특해야 한다. 강의를 잘하려면 전문분야에 대한 지식이 풍부하고 인접 학문에 대한 이해의 폭이 넓어야 한다.

외부 초청 강연에 대한 경험도 필수다. 한국농촌경제연구원에 몸담고 있을 때였다. 국민경제교육이 시행되는 가운데 경상북도 공직자 경제교육 때문에 오전 9시 50분에 도지사실에 도착했다. 국민경제교육을 위해 중앙에서 왔다고 말했다. 도지사는 앉으라는 말도 없이 교실만큼 큰 가운데의 테이블에서 '지난주에도 경제교육한다고 KDI에서 왔었는데 그 재미없는 경제교육하러 또 중앙에서 방문하셨군요' 하면서 몹시 못마땅한 표정을 지었다. 도지사를 뒤따라 350명이 모인 강의실에 가면서 동행한 김 박사에게 30분으로 줄이고 남은 시간을 나에게 주면 열심히 멋지게 강의하겠다고 언급하고 강의실에 들어섰다.

김 박사는 30분에 강의를 마무리 짓고 두 시간 강의의 나머지를 모두 나에게 넘겼다. 비장한 각오로 한 시간 반 동안은 혼신의 힘을 다했다. 중간에 분위기를 띄우기 위한 여담도 한껏 활용했다. 분위기가 무르익어 갈 무렵에 강의에 역점을 두어야 할 때는 오른팔을 높이 쳐드는 제스추어도 취한다. 모든 시선이 나의 오른팔에 집중한다. 강의가 끝날 무렵에는 분위기가 한껏 달아올랐을 때를 선택하여 마지막 멘트를 짧고 굵은 표현으로 마무리한다. 모든 청중들이 기립한 상태에서 박수를 치고 있다. 강연자가 단상에서 내려올 때까지. 감격적이다. 점심은 도지사가 안내한 조그마한 식당이었지만 음식 맛은 잊을 수 없을 정도로 좋았다. 더욱 기억에 남는 것은 도지사가 "경제강의가 이렇게 재미있고 기억에 많이 남을 줄은 몰랐다"면서 점심시간이 술 마시는 시간으로 바뀌었다. 오후 늦게 끝나면서 해어질 때 전해준 봉투에는 금일봉이 들어 있었다. 경제강의를 하면서 교통비를 받기는 처음이었다.
　명강의는 아는 것에 더해서 강의 경험이 잘 어우러져야 가능하다. 이 점은 오랫동안 대학에서 강의한 나의 경험에서 비롯한 것이다. 내가 맡은 핵심교양 과목 강의 계획서 내용에는 정부의 고위공직자들에게 세미나로 발표한 주제들이 포함되어 있다. 이 부분이 대학에서 큰 인기를 얻는 요인이 됐다. 한 주제에 대하여 이론 역사 정책을 종합적으로 분석하여 강의하기 때문에 학생들이 흥미를 느끼게 된다. 그동안 대학에서는 항상 전문지식 위주의 강의를 벗어나지 못한 학생들에게는 매우 신선한 접근이다. 더욱이 현실응용에 목말라 하던 그들에게는 단비와 같은 기회로 받아들여진다.

내가 맡은 과목에 대한 학생들의 수강신청 과정은 진풍경을 이룰 만큼 매우 치열하였다. 인문계반과 자연계반 각각 400명의 수강신청을 시작한 지 10분 이내에 모두 마감됐다. 마감 시간 이후에도 50여 명이 추가 수강신청을 학교에 요청해서 허락해준 경우도 있었다. 한 학생이 컴퓨터에 "김 교수님은 말을 잘해서 그런 거지 강의 내용은 평범하다"는 평의 글을 올렸다. 그 후 법대, 경영대 학생들이 "우리 학교에서 김 교수님처럼 강의 주제를 체계적으로 깊이 있게 종합분석해서 결론을 가지고 강의하는 교수를 본 적이 있느냐"고 반박하는 글을 올리자 동의하는 댓글이 계속 올라왔다. 처음 학생은 슬그머니 자기 글을 삭제하는 헤프닝도 있었다.

세상에 완벽이란 존재하지 않는다. 사람은 완벽을 추구하는 노력을 끊임없이 쏟아붓는다. 잘 가르친다는 것은 예술이다. 잘 가르치고 싶은 마음으로 충만된 나는 강의실에 들어서면서 강의 열정이 불타오르기 시작한다. 수강신청할 때의 치열한 경쟁이 빚어낸 학생들의 초롱초롱한 눈동자를 확인하면서 나는 그들의 진지한 수업태도에서 뜨거운 열정을 가슴으로 느낄 수 있다.

에세이의 진수를 찾아서

나는 40년 동안 에세이를 써왔다. 학술논문이다. 아카데믹 에세이라고 한다. 미국 유학 기간에 석사학위와 박사학위를 받기 위해 학술논문을 작성 제출하여 평가를 받았다. 귀국 후 교수로 고려대 등에서 35년 동안 80여 편의 논문을 썼다. 학술대회 프로씨딩에도 여러 차례 글을 올리기도 했다. 우수한 논문은 간결하고 연구에서 찾아낸 것을 창의적으로 서술한 것이다. 객관적 논리를 중심으로 독자를 설득할 수 있는 주장을 독창적으로 서술한 학술논문이어야 한다. 성격으로 보면 철학 에세이이다. 칼럼과 논설이 이와 유사한 특성을 지니고 있다.

학술논문은 단순하게 서술해야 한다. 그것은 분명하고 간결하며 명확하다. "An academic writing is simply stated, it is clear, brief, and precise." 먼저 준비작업은 내가 무엇을 찾아냈는가, 그 의미는 무엇인가와 누가 관심을 가지는지에 대하여 생각한다. 내가 무엇을 했는가는 레포트식이므로 철저히 배제하고 독자의 관점을 생각해야 한다. 다음은 논문 작성이다. 서론은 발표할 타당성이 있는지를 서술한다. 연구방법론은 서술적 계량적 정보를 제공하여 연구결과의 가치를 입증한다. 연구 과정이나 세부내용까지 지나치게 언급할 필요는 없다. 결론은 무엇이 일어났으며 그래서 어떻다는 것인가. 내가 찾아낸 것에 대한 요약이 필요하다. 그다음은 논문을 끝맺는 일이다. 독자를 중간에 머물게 하면 안 된다. 반복을 피하고 걸어온 길로 되돌려 보낸다. 논문 작성의 마지막 단계는 편집이다. 문자를 살펴본다. 명사가 너무 많은지 동사가 너무 적지 않은지 전치사 형용사 부사는 너무 많지 않은지 수동형은 너무 많지 않은지 중복 언급은 없는지 등을 철저히 점검한다.

지금까지 글을 쓰면서 나는 어떤 주제에 대하여 논리적으로 전개하는 데 초점을 맞추었다. 나의 의견을 독자에게 설득하려는 노력이 포함돼 있었다. 에세이는 개인적인 경험이나 생각을 나타내므로 독자를 설득시키는 것이 아니라 독자와 감상을 공유하도록 한다. 나는 감정을 잘 표현하여 독자와 공감하도록 하는 것이 첫 번째로 유의할 부분이다. 학술논문은 글의 내용에서 객관성을 유지하는 데 강점을 두고 있다. 근거와 논리를 입증하기 위한 데이터나 통계분석자료를 활용한다. 이를 통해 논점을 분명하게 드러내기 위해서다. 한편 에세이는 글쓴이의 주관적인 감정과 체험에 기초를 두고 있다. 성현들이 수필을 '붓 가는 대로 쓴 글'이라고 표현한 것은 그만큼 주관적인 관점에서 생각과 감정을 표현한 글이라는 특성 때문이다. 이 부분이 에세이를 쓰면서 내가 새겨두어야 할 두 번째 부분이다.

　학술논문의 형식은 서론 본론 결론의 구조를 가지며 분석적이고 논리적 전개가 중요하다. 논자의 주장이 뚜렷하게 드러내기 위함이다. 에세이를 작성할 때 내가 유념해서 받아들여야 할 점 또한 다음 세 가지가 있다. 우선 글의 형식이 비교적으로 자유롭다. 산문형식으로 서술되는 경우가 많다. 문체의 특성도 다르다. 에세이는 작가의 감성적이고 개인적인 입장이 노출될 수 있다. 글은 부드러운 문체가 중심이어서 서정적인 경우가 많다. 논문은 독자를 설득하는데 주안점이 있다. 에세이는 작가의 감정과 생각을 독자들과 공감하는 데에 초점을 맞추고 있다.

　이야기를 전개하면서 이중구조를 만드는 문제와 내용을 전환하여 상황을 반전시키는 이야기를 만들어 내는 것이 무엇보다 중요하다. 이중구조는 비유법으로 상황을 묘사하거나 에둘러 말하기의 방법을 동원하여 글의 단조로움을 벗어난다. 에세이 작성에 있어서 이중구조와 기승전결은 좋은 글쓰기를 위한 지침이기도 하다. 화제의 시작은 독자의 시선을 끌어야 하고 구체적인 이야기로 전개하고 내용을 전환하여 긴장을 주었다가 마지막에는 여운을 남긴다. 기승전결은 이야기가 시작되어 전개되고 내용을 전환하고 마무리하는 순서를 말한다. 전환에서는 갈등과 긴장이 최고조에 달하게 된다. 갈등이 해소되면 이야기가 끝난다.

　에세이는 종합예술이다. 미술작품 만들기에서 볼 수 있듯이 내가 부족한 부분을 찾아서 조금씩 덧칠해가는 방법을 모색해야 한다. 지금 나에게 필요한 것은 사고의 전면적인 전환이다. 과거에 논문을 쓸 때 집착했던 과학적 사고에 입각한 논리적 객관성을 확보한다는 관념 자체를 버리는 일이다. 그 대신에 주관적 사고에 따라 주제에 대한 장르별로 솔직한 느낌과 감정을 적절히 서술함으로써 서정성을 높인다. 앞으로 나에게 부족한 부분을 찾아내 채우고, 덜어내야 할 부분도 덜어냈을 때 비로소 에세이의 진수를 음미할 수 있지 않을까. 글의 서두는 독자의 흥미를 끌 수 있어야 하고, 마무리하는 글귀는 여운을 남기도록 한다. 여기서는 '두뇌의 생각에 맡기고 답을 들을 때까지' 기다리는 것이 좋지 않을까. 뇌의 상상력은 기대 이상으로 크기 때문이다. 머릿속에서 문장이 만들어지면 그 후에 지면에 옮겨 놓는다. 완벽한 문장이다.

　한국본격문학가협회 창립 20주년 기념 대회에서 나는 신인상을 받으면서 한 번뿐인 이 기회를 독백으로 시작했다. 오랫동안 학술논문을 쓰다가 수필 세계에 들어오니 느낌을 표현하여 감동을 주는 일이 쉽지 않음을 뼛속 깊이 느낀다. 소감으로 수필 세 권을 내놓는 것이 목표라는 입장을 밝혔다. 아직도 내가 쓰는 에세이는 객관성을 지니고 있으며 묘사와 정서감이 부족하다는 느낌을 주고 있다. 주관적 생각과 감정을 중심으로 이야기를 풀어내는 역량을 길러야 한다는 각오를 새기게 해준다. 에세이의 진수眞髓를 찾아내서 정착시키고 싶은 마음이다.

일시 멈추다

어느 날 오후 K 대학 회의실이었다. 총무처장과 학생처장이 심각한 표정으로 대화를 나누고 있었다. 나는 문을 노크하고 들어가니 둘 다 난감한 표정을 짓고 있었다. 옆에서 나누고 있는 대화 내용을 듣게 되었다. 처음에는 관내에 있는 성북경찰서에서 학교의 애로사항을 안 들어 주어서 생긴 일로 알았다. 두 분의 이야기를 좀 더 경청해 보니 약간 뉘앙스가 다름을 느꼈다. 최고 책임자가 문제해결을 성북서장에게 의뢰해 놓은 지 삼 년째 됐는데도 해결이 안 된다고. 학생처장은 안기부나 다른 부처에 알아보면 안 되겠느냐고 이야기를 꺼냈다.

나는 이야기를 듣다가 직감적으로 행정부처의 최종 책임자를 직접 방문해 보는 게 좋겠다는 느낌을 받았다. 두 분의 대화가 진행되는 가운데 내가 학교를 대표해서 경찰청 교통담당 최고 책임자를 방문해서 문의해보면 어떻겠느냐고 말했다. 그러자 학생처장은 방문하려면 준비자료를 챙겨가는 것이 좋겠다고 답했다. 그러면서 우리 학교가 가지고 있는 가장 고질적인 문제인 정경대 후문도로에 횡단보도 두 개를 추가로 설치하는 문제라고 일러 주었다. "일석삼조를 노린 목표로 늘어났다." 욕심이 지나쳤다고 생각했으나 한번 직접 설명해 보자고 마음을 먹었기에 그대로 받아드렸다. "설명만 잘하면 안 되는 게 어디 있겠어!"라고 하면서. 나는 건축학과 대학원 조교에게 횡단보도 세 곳의 도면을 작성케 해서 소지하고 교통담당 최고 책임자를 방문했다.

 나는 학교에서 횡단보도 설치가 필요한 세 곳에 대하여 설명해드리려고 방문했다고 입을 열었다. 준비해간 도면을 제시하면서 방문 목적을 하나씩 설명했다. 먼저 정경대 후문 근처를 지나가는 도로는 매우 위험하다. 일주일에 두세 번씩 열리는 학교 집회 시위 때는 경찰이 최루탄을 쏘면서 교내까지 진입해오는 경우가 최근에는 빈번하다. 학생들은 급박한 상황에 몰려서 눈물을 흘리면서 일시에 수천 명이 정경대 후문을 통해서 도로로 쏟아진다. 이 모습을 보는 순간 아찔함을 느낀다. 특히 도로를 지나는 트럭이나 버스 등 대형 차량이 있을 때는 가슴을 쓸어내리기까지 한다. 내 생각에는 정경대 후문 근처 도로에 횡단보도가 있으면 모든 차량이 일시 멈췄다가 통과함으로써 대형교통사고의 위험은 줄일 수 있을 것 같다.

 다음은 안암동 로터리를 지나 직진하다가 좌회전하여 자연계 캠퍼스로 진입한다. 학교에 출근하면서 중앙선 침범이란 스티커를 발부받는 일이 일어나고 있다. 자연계는 공과대, 이과대, 생명과학대, 보건과학대가 있어서 800여 명의 교직원이 매일 출근한다. 이들은 일년 365일 출근하면서 중앙선 침범이란 범법행위를 하는 셈이다. 왜 이 같은 현상이 오랫동안 이어져 왔을까. 대학생 데모를 주도하고 집회 시위를 빈번히 그리고 시국선언 등을 자주 해서 정부로부터 미운털이 박혀서 그런 것은 아니겠지. 왜 교통 단속은 꾸준히 하지 않고 가끔씩 하는지도 이해가 되지 않는다. 나는 좌회전하는 지점에 횡단보도를 설치하면 중앙선 침범 문제는 해결할 수 있다고 생각한다. 마지막 문제는 하루에도 오륙십여 명의 학생들이 위험을 무릅쓰고 큰 도로를 뛰어서 무단횡단하고 있다. 이는 분명히 우리의 제도에 허점이 있기 때문인 것 같다. 나는 적절한 위치에 횡단보도를 설치하면 이 문제를 극복할 수 있으리라고 생각한다.

  나의 설명이 끝나자 기다렸다는 듯이 그는 교통법전을 들고 와서 앞에 두고 페이지를 넘겨가면서 조항별로 상세하게 답변을 시작했다. 정경대 후문 근처의 도로는 로타리로부터 불과 이십여 미터밖에 떨어지지 않은 곳이다. 만약 이곳에 횡단보도를 설치하면 로터리는 교통혼잡이 발생하여 그곳을 지나는 사방의 교통이 꽉 막히는 상황이 벌어진다. 그래서 교통 법규상으로는 어떠한 경우라도 로타리로부터 오십 미터 이내에는 횡단보도를 설치할 수 없도록 규정하고 있다. 다음으로 자연계 캠퍼스로 진입하는 지점에 횡단보도를 설치하는 것은 앞서 경우와 마찬가지로 안암동 로터리로부터 삼십 미터밖에 떨어지지 않은 지점이어서 불가능하다. 마지막으로 자연계 캠퍼스와 병원 사이의 도로는 오르막 급경사로 진행되다가 다시 내리막으로 이어지기 때문에 횡단보도를 설치하는 것이 불가능하다.

지금까지 설명해 주는 모습을 볼 때 그분은 법률과 행정에 밝으시고 대단히 지혜로운 분이란 것을 바로 느낄 수 있었다. 학교에서 왔다고 하니 예의를 갖추면서 법규의 세세한 조항까지 지적해 주었다. 현행 법률과 행정 및 제도로는 세 곳 모두 해결이 불가능함을 잘 일깨워 주었다. 그 이야기를 끝까지 들으면서 내가 여기에 온 것을 순간적으로 후회했다. 이런 이유가 있었기에 지금까지 해결되지 않았음을 법규 설명을 통해 이해하게 됐다.

그러함에도 불구하고 학교 입장은 달랐다. 나는 너무나 시급하고 당장이라도 대형사고가 날 것도 같고 사고로 이어진다면 사회적으로 파장이 클 것 같아서 솔직하게 심경을 털어놓았다. 만약 학생들 집회시위 중에 이곳에서 대형사고라도 발생한다면 정부도 책임을 면키 어려울 것이다. 당장 경찰청장이 해임되고 행안부장관도 해임을 면치 못하는 정치 상황으로 돌변할 것이 걱정이라고. 이 세 문제는 현행 법률, 행정 및 제도로는 해결 불가능함으로 정책적 결단밖에 없다고 말하고 자리를 일어섰다.

다음날 교통경찰 최고 책임자가 성북경찰서장을 대동하고 나와서 현장 점검을 한 후 세 군데 모두 횡단보도를 설치해 주었다. 학교 입장에서는 숙원의 문제가 풀리는 감동과 환희의 순간이었다. 그런데 학교로서는 인사할 방법을 아무리 생각해도 찾을 수 없었다. 하는 수 없이 나는 학교에서 만든 파운드케이크 몇 세트를 전달해 드리면서 진심 어린 감사의 마음을 전했다. 이 문제의 해결은 정책적 판단이란 용어로 포장하였으나 논리의 힘이 작용한 결과가 아닐까.

안암에서 신촌으로

학생들은 시대의 변화에 따라 발전을 끊임없이 추구한다. 학생주도의 사회운동이 1980년대에 학생시위로 활발히 일어난 토대가 됐다. 정치와 사회개혁에 대한 문제 제기와 대안을 제시하는 대학생들의 집단 운동이다. 기성세대에 대한 반항이라기보다 학생 본연의 사회를 대변하는 마음인 듯하다.

오늘은 토요일이다. 전국에서 십만여 명의 대학생들이 K대로 모여든다. 군사독재정권 타도를 위해 일박 이일 동안 민주화운동 집회를 한다. 학교는 48시간 시위에 대응해서 긴급 교무위원회를 소집하여 비상사태에 대응한다. 총장부터 대학원장 학장 처장들이 모여 비상대책 논의를 시작한다. 그래도 부족하다. 교무위원들은 긴장한 나머지 "언제쯤 학생운동이 종식될까"라며 푸념을 한다.

70년대부터 학생운동은 대학가 중심으로 퍼져 나갔다. 파도가 밀려오듯이 각 대학에서는 이념교육으로 무장된 학생들이 빈번히 집회를 가지기 시작했다. 운동권 노래 가사를 보급하면서 학생운동세력을 꾸준히 키워나갔다. 80년대에 접어들면서 학생운동은 민주화 세력과 연대하면서 자주화, 민주화, 통일을 내세우는 방향으로 움직였다. 전국의 대학생 이천여 명이 건국대에서 점거 농성을 한 적이 있다. 거기서 천삼백여 명이 구속되는 끔찍한 결과를 맞았다. 당시에는 대학생들이 기습적으로 건물을 점거하는 것이 운동권의 전술이었다. 대학생들은 노동계에 위장 취업하여 이념화를 추구했다. 교사들은 전국교직원노동조합을 조직하여 중고등학교를 이념교육장으로 만들려고 시도했다. 심지어 법조계에서는 이념화된 판검사를 우리 법연구회에 가입시켜 법원판결에도 영향을 주기 시작했다.

  88년에는 학생운동이 더 격렬해졌다. 주말마다 전국에서 시위 학생 십만여 명이 K대에 집결하는 시위가 반복됐다. 그때마다 학생처장인 나는 교내에서는 임시화장실 설치, 도서관, 강당과 각 교실의 개방을 독려했다. 밖으로는 쌀, 장작과 물을 실은 차량이 교내에 들어올 수 있도록 공안 당국과 교섭하는 일이 가장 힘들었다. 학생들이 도착하면 취사도구, 장작, 쌀과 식품 자재, 물을 실은 트럭 수십 대가 줄지어 대학에 들어온다. 공안 당국은 절대로 용납하지 않는 분위기였으나 내가 보도관제 조치를 건의한 후에 허용할 수밖에 없었다. 나는 입장이 달랐다. 학생들을 먹이고 재우고 마시게 하는 것은 생존에 필요한 기본권이라고 생각했다. 밤 2-3시 무렵이 가장 위험한 시간이었다. 장시간의 이어진 집회에서 어떤 불순한 자가 나타나서 학생들을 청와대로 가자고 선동한다면 걷잡을 수 없는 사태로 비화할 수 있는 긴박한 상황이었다.

  전국 규모의 시위가 고착화되면서 K대의 교육환경은 극도로 피폐해져 갔다. 좁은 캠퍼스에 많은 군중이 운집함에 따라 공간적으로 수용 능력이 한계에 봉착하게 되었다. 전국 집회가 열린 다음 날은 역겨운 냄새와 불결함으로 인하여 강의하기도 어려웠다. 전국대학생대표자협의회 지도부에게 학생운동 집결지를 다른 대학으로 옮기는 문제를 검토하도록 요청했다. 그 당시 학생처장인 나는 오랫동안 설득 작업을 이어갔다. Y대는 캠퍼스가 넓고 경계 부분의 삼분지 일이 숲으로 되어 있다. 전국 집회를 거기서 개최한다고 생각해 보라. 얼마나 편리할까. 우리 학교와는 완전히 딴판이다. 밤새도록 필수인력이 외부에 들락날락할 수 있는 요새지나 다름없다. 이같이 지도부에게는 소름이 끼칠 만큼 심각하고도 엄밀한 상황을 설명하는 분위기였다. 그 무렵 Y대 교무위원회에서 어느 분이 총학생회장을 질타했다는 소문이 들려왔다. K대의 학생운동에 관한 기사가 연일 신문에 크게 보도 된 데에 영향을 받았던 것으로 보였다.

  안암에서 신촌으로 학생운동 집결지를 옮기려고 노력하던 시기에 일어난 사건이다. Y대의 교무위원회의 분위기는 당장이라도 학생운동의 핵심진지를 옮겨가고 싶은 상황을 돌출시킨 사건으로 보였다. 이에 따라 Y대 총학생회 지도부는 한결 고무되었다. 이같이 학생운동의 집결지를 옮기는 문제는 그 대학의 내부 여건과 주변 환경이 충분히 숙성되어야 하고, 다음으로 전국대학생대표협의회 회장들의 의견을 모으는 것도 필수적이다. 모두가 우호적으로 작용했다. 이를 계기로 전국대학생대표자협의회는 전국의 총학생회 회장들로 하여금 학생운동집결지를 K대에서 Y대로 옮기는 데 대하여 만장일치로 동의할 수 있었다. 이렇게 학생운동 집결지가 K대에서 Y대로 옮겨가게 되었다.

촛불은 끝날 때 더 밝아지는 법이다. 마치 초가 꺼지기 전을 보여주듯이 민주화 학생운동은 종점을 향해 가면서 더욱 치열해졌다. 이듬해 학생운동 집결지를 Y대로 옮긴 지 3개월 만에 큰 사건이 발생했다. 비밀정보원들이 옮겨간 연세대 학생회관을 빈번히 드나들다가 학생들에게 열 명이나 발각되어 체포되었다. 학생들로부터 갖은 고문과 린치를 당하던 중에 정보원 세 명이 사망했다. 나머지 적발된 일곱 명의 비밀요원들도 심하게 다쳐 처참한 모습으로 경찰병원에 입원하게 됐다. 이 사건은 전국 신문에 보도되었고 국민으로부터 크게 비판을 받았다.

그 후에도 Y대에서는 주말마다 십만여 명이 모이는 시위는 계속됐다. 어느 날 밤 한 시경에 대강당에서 마무리 집회를 하고 있을 때였다. 그때 한 괴한이 휘발유 두 통을 가져와서 강당의 뒤 양쪽 통로의 비스듬하게 낮은 쪽으로 휘발류를 붓고 불을 붙였다. 집회에 참석한 학생들은 민첩하게 모두 강당을 빠져나와 다행하게도 인명 피해는 없었다. 그러나 밤새도록 불길에 휩싸인 강당은 전소되고 말았다. 이 사건으로 인하여 학생들은 또한 큰 비판을 면할 수 없었다.

이 두 사건을 계기로 하여 우리나라 민주화 학생운동은 완전히 종식됐다. 국가적인 숙원 문제가 깨끗이 해결되었다. 전화위복이다. 이제 대학가에는 학생운동이 사라진 지 오래다. 그 후부터 총학생회장은 비운동권 학생들이 맡아 학생회를 이끌고 있다. 그중에는 비운동권 여학생도 있다. 오늘날 정부 정책에 대한 비판이나 대학가의 반응이 늦게 나오는 이유이기도 하다. 우리 대학가는 본연의 자세로 돌아왔다. 학생들은 열심히 학업에 임하고 있고 취업준비에도 바쁘다. 이를 본 외국인 교환학생들은 감명을 받는다. 그들은 체재 기간이 끝나면 유학생으로 남기도 한다.

불가능한 일

지하철은 대중을 빠르고 쾌적하게 수송한다. 또 안전성이 수반되는 교통수단이다. 교통수요가 큰 지역에서는 지하철 유치를 숙명처럼 생각한다. 매일 3만여 명이 통학하는 곳에 버스노선 종암동-후암동 하나뿐이었다. 비 오는 날은 학교 앞 도로는 비포장 진흙탕이어서 장화 없이는 지나갈 수 없었다. K대는 교통지옥이 따로 없는 아주 불편한 곳이다.

교통시설개선을 바라온 역사는 오래다. 60년대 초에 K대는 서울시에 학교 정문 앞 도로 폭을 두 배로 넓히는데 필요한 토지를 내놓았다. 유진오 총장 시절이었다. 그 대신 서울시에 신설동에서 K대까지 전차 선로를 건설해줄 것을 건의했다. 서울시는 그렇게 하기로 약속했다. 그 후 시장이 바뀌면서 그 약속은 지켜지지 않았다. 80년대에는 지하철운행이 1, 2호선뿐이었지만 교직원들은 언젠가는 K대 근처에도 지하철 노선이 건설된다는 희망적인 기대를 걸고 있었다. 학생들 또한 언제 이루어질지 모르는 대중교통수단에 희망의 끈을 놓지 않고 학수고대하고 있었다.

  도시에서 지하철은 필수적인 교통수단이다. 이 수단을 희망하는 지역은 대체로 교통이 열악하면서도 이용객이 넘치는 곳들이다. 지역과 위치에 따라 유치를 희망하는 유형은 두 가지이다. 일정한 지역의 주변을 지나가기를 바라는 유형이다. 바로 K대 주변으로 지하철 노선이 통과하는 경우이다. 그러나 특이하게도 그 지역 주변으로 지나갈 수 없거나 목적건물들이 넓은 지역으로 확산되어 있어서 이용객이 많은 특수건물이 소재한 지역은 다른 유형을 원한다. 지역 중심부로 노선이 통과하면서 그 중앙에 지하철역을 신설하기를 선호한다. 두 경우 모두 지하철을 유치하는 데는 기본 착상이 중요하다. 유치에 성공하면 아이디어의 힘이라고 환영하면서 그 지역은 교통이 편리해지고 획기적인 발전이 수반된다.

  지하철 유치에 관심을 고조시키기 위해서는 내부의 여론조성이 필수적이다. 1988년 학생운동이 극렬했던 어느 날 K대는 비상대기 상태에 있었다. 그날은 총장과 모든 교무위원은 물론 재단 이사장도 참석했다. 지하철 노선이 화제가 됐다. 만일 학교 근처로 지하철 노선이 계획된다면, K대가 "운동장 밑으로 지하철이 지나가도 좋다"는 견해를 언론에 밝히면 좋은 결과가 있을 것이라고 내가 말했다. 왜냐하면, 지하철 건설은 지하 20m 단위로 기존도로 밑을 굴착한다. 그러면 도로변 지반침하로 건물에 금이 가거나 상하수도 및 통신시설 등에 피해를 입힐 수 있는 위험에 처하게 된다. 이는 많은 비용과 민

원을 발생시키기는 원인이다. K대가 그렇게 '선제적으로 기자회견을 여러 차례 하는 등 입장표명을 한 결과는 바로 적중했다.' 지하철 6호선이 K대 경계선을 통과하면서 한 캠퍼스에 두 개의 지하철역이 생기게 됐다.

  가을이 오면 매년 두 대학이 야구, 농구, 아이스하키, 럭비, 축구 등 5개 종목을 두고 친선경기를 한다. 양교의 응원전 열기는 항상 운동장을 뜨겁게 달군다. 한 해는 고연전이고 다음 해는 연고전이라고 부른다. 호랑이와 독수리로 상징하는 그들의 경쟁 의지는 모든 면에서 타의 추종을 불허한다. 그 덕에 두 대학은 우리나라에서 학문이나 명성에서 우뚝 선 위치를 누리고 있다. 오늘 못지않게 내일을 함께 꿈꾸고 있다. K대는 지하철 유치라는 불가능을 가능케 했다. 이제 Y대가 용트림할 차례다. 그렇게 되기를 바란다. 여건이 아주 유리하니까.

  학교 앞에 우뚝 솟은 경의선 철둑 길을 따라 기차가 지나다니고 있다. 매일 신촌역이 있는 로터리에서 학생들이 지하철을 내려 Y대까지 걸어가기에는 너무나 멀다. 지하철 노선을 유치하여 교내에 지하철역이 생기게 되면 학생, 교직원 누구나 건물로 쉽게 이동할 수 있다. 대학의 본관 앞에 역이 만들어져도 좋다고 주장할 만하다. 일반적으로 '대학 중심부에 지하철역을 설치하는 노선 유형이다.' 세브란스병원을 이용하는 시민들에게도 큰 혜택이 된다. Y대는 캠퍼스가 넓고 학교 건물들이 부채꼴 모양으로 사방으로 분산되어 있어서 지하철역을 설치하기가 퍽 용이하다. 영국의 옥스포드 대학교가 있는 옥스퍼드시처럼 교통의 천국이 될 수 있는 여건을 갖추고 있다. 세브란스병원이 캠퍼스 안에 자리하고 있어서 특히 이용객들이 많다는 것도 큰 장점이다. 지하철역을 설치하는 데는 300-400평의 토지만 기부해도 가능하다. 물론 누가 요구하는 것도 아니지만.

지하철 노선을 신설하거나 계획된 노선을 변경할 때는 경제 효율성을 최우선으로 검토한다. 이를 위해서는 교통 수요를 먼저 파악하고 다음으로 주민여론을 고려한다. 이 과정에서 정치적 고려는 철저히 배제한다. 정문에서 진입하는 가장 큰 지하도로를 지하철 노선 구간으로 설정하는 것이 유력해 보인다.

현재 강남역, 신사역, 용산역을 지나 북상해서 청와대를 거쳐 삼송리로 가는 노선이 건설 중이다. '물 들어올 때 노 저어라'는 말을 명심할 때다. 지금이라도 '내부여론을 조성하고 대학의 단합된 의지를 외부에 밝힌다면 지하철 유치는 어렵지 않을 것'이라고 상상된다. 목적지 중심부에 지하철역을 신설해주는 경우에는 그 효과가 가히 파격적이다. 이용객 모두가 환성을 지르면서 만족해하고 교통은 극도로 편리해진다. 교통 천국이 다름 아닌 이곳으로 이용하는 모두가 탄성을 지르게 되지 않을까.

'학교운동장 밑으로 지하철이 지나가도 좋다'는 제안이 결국 지하철 유치로 이어졌다. 사회적 비용보다는 사회적 편익이 훨씬 컸기 때문이었다. 비록 많은 시간이 지난 후에 개통되었지만 K대에는 '돈과 권력 여론의 힘으로도 불가능한 일'이 이루어진 셈이다. 지하철 노선이 통과하면서 두 개의 지하철역을 선물해 주었다. 유치에 성공하면 결과는 아주 만족스럽다. 주변의 교통을 획기적으로 편리하게 만들어주기 때문이 아닐까.

시위 현장은 불바다

 오래 살고 볼 일이다. 복지시설이 학생운동의 뇌관이 될 줄은 누구도 몰랐다. 80년대에 학생운동이 격화되면서 총학생회에서 학교의 복지시설들을 무단 점거하여 경영하는 모습까지 보였다. 당시에 대학가는 최대의 위기를 맞았다. 학생운동의 자금을 학생들 스스로 조달하는 우려스러운 상황으로 바뀌었기 때문이다. K대는 교수들로 후생복지위원회를 꾸려 학생지도에 임했다. 정부는 복지시설 운영이 학생운동의 음성자금원이 되는 것은 허용하지 않았다.
 학교는 후생복지위원회 구성부터 난항에 부딪혔다. 학생들이 추천하는 교수들 중심으로 위원회가 조직되고, 내가 위원장으로 임명받았다. "세 살 먹은 아이 손에 있는 떡을 뺏어내야만 하는" 형국이었다. 학생들과의 대화는 두 형태로 진행됐다. 하나는 후생복지위원회 교수들과 학생 간부들과의 회의였다. 회의 진행은 순조롭지 못했다. 처음 6개월 동안에 구내식당 두 개와 야외매점 한 곳이 학생들 손에 넘어갔다. 다른 하나는 위원장인 내가 직접 학생복지위원회 간부들과 대화를 시도했다. 복지시설의 개선을 위해서 총장의 의지를 밝히면서 청사진을 제시했다. 학생들의 반응은 환영하는 분위기였다.

휴게실 겸 탈의실이 부족하다는 지적은 오래전부터 여학생들이 제기해온 문제였다. 운동장에서 체육 시간에 옷을 갈아입거나 화장실을 가야 할 때는 본관까지 먼 거리를 이동해야 했다. 가까운 서관에도 탈의실은 없었다. 이 문제는 기존 건물에서 강의실이나 또는 회의실을 다른 곳으로 옮겨야 했다. "세 사는 사람이 나가야 새 사람이 들어올 수 있는" 이치였다. 복지시설개선은 이처럼 많은 어려움을 거쳐야만 했다. 당시에는 복지시설의 개선과 확장은 학내에서 가장 시급한 과제였다.

복지시설문제가 학생시위의 중심과제로 떠오른 때가 바로 이때였다. 외부의 압력으로 총장이 물러난 직후부터다. 학생운동은 휘발유를 끼얹은 것처럼 격화되기 시작했다. 학생들은 교내의 식당, 매점, 자판기 등을 닥치는 대로 점거했다. 학생회는 이들 시설을 직접 운영하기 시작했다. 학생들은 민주화운동을 위해서는 절대 포기할 수 없다고 판단했다. 86-87년의 두 해 동안 총학생회는 복지시설 운영을 통해 월 천만 원의 이익금을 학생운동자금으로 사용했다. 연간으로는 일억 이천만 원이어서 그 규모가 지대했다. 당시 휘발유 일 리터 가격이 830원이었으며 화염병을 서른 개 정도 만들 수 있었다. 시위가 있는 날은 학생들이 화염병을 투척하면 대응하는 경찰의 복장이나 도로는 불바다로 변하는 끔찍한 상황이 벌어졌다.

복지시설 개선을 위해서는 학교 최고책임자의 인식이 중요했다. 아울러 확고한 의지와 결단이 요구됐다. 학생들 요구사항 중에서 무엇이 문제인지, 어느 정도로 긴박하며, 어떻게 가능한지 파악하고 결정할 수 있어야 했다. 학교는 신속한 의사결정 시스템이 필요했다. 문제는 학생복지문제에 대해 보고할 수 있는 통로가 없다는 점이다. 그 당시 나는 총장과 긴밀하게 대화를 나눌 수 있어야 했고, 의사결정을 도출해 낼 수 있는 분위기를 조성해야만 했다. 막중한 과제였다.

　후생복지위원장은 총장을 만날 기회가 없다. 학생처장이 면담을 주선해야 가능했다. 그래서 나는 그가 언제 어디서 점심식사를 하는지를 연구했다. 그가 오는 시간에 교수식당에 먼저 가서 기다린다. 한쪽에서 식사하고 있으면 총장은 비서에게 합석하자는 제안을 해온다. 총장과 함께 식사하면서 자연스럽게 학생동향, 요구사항, 문제의 긴급성, 필요한 개선과제 등을 자세히 보고한다. 총장은 긴장한 모습으로 보고내용을 경청했다. 그러면서 학생들의 반응에는 몹시 신경을 쓰는 모습이었다. 모든 가능성을 열어두고 해결해주려 한다. 그런 총장의 모습이 멋있어 보였다. 아랫사람인 나에게도 일할 동기를 부여해 주는 고마운 모습이었다.

　그 일이 있은 후부터 학생복지시설 개선사업 집행을 위한 기안서류를 올리면 총장이 바로 서명해 주었다. 이때 서류는 서너 줄로 간단명료하게 작성해야 하므로 교직원에게 맡길 수 없다. 위원장인 내가 직접 기안 문안을 작성하고 간결하게 다듬어서 올렸다. 윗사람을 잘 만나야 신이 나서 일을 잘할 수 있는 법이다. 손발이 척척 맞았다. 좋은 결과도 이끌어낼 수 있었다. 총장의 결재를 기다렸다는 듯이 주관부서인 관리처에서는 즉각 집행에 옮겼다. 그 순간마다 학교신문에 보도되었다. 복지시설개선의 속도가 무엇보다 중요했다. "실을 바늘허리에 묶어서 옷을 꿰매는 것처럼" 일사천리로 진행했다.

음성자금 문제는 학생들 편에서 해결의 기미를 보이기 시작했다. 나는 그동안 학생복지문제에 대해서는 앞장서서 아이디어를 내고 해결하기 위해 행동에 옮겼다. 계획했던 8개의 구판사업장을 개설함으로써 생활협동조합을 정착시키고, 은행유치에 이어 전교생을 위한 의료공제사업을 시행했다. 학생들로부터 만족감과 더불어 깊은 신뢰감을 얻고 있음을 느낄 수 있었다. 학생들은 학생복지시설 개선에 대해서는 학생복지위원회에서 86년에 나에게 전달해준 감사패 내용과 같이 "80년 고대사에 획기적 한 획을 그은 것"으로 평가하는 분위기였다.

"학생들 스스로 복지시설운영은 학생 자치활동과 맞지 않는다"고 선언하기에 이르렀다. 이 선언을 계기로 모든 복지시설의 운영은 학교 직할 운영체제로 전환됐다. 학교는 후생복지위원회를 개최한 후 복지시설 운영을 통한 모든 이익금은 장학금으로 사용하기로 결정했다. 복지시설운영이 정상화되었다. 장학금 지급액이 늘어나면서 학생들의 만족도가 높아지고, 학교와 학생 간의 신뢰도가 크게 향상되는 계기를 마련했다.

재건축을 위해

시대가 변화하면 사회적 욕구가 바뀐다. 수요의 변화는 조직기구의 변화를 촉구하기 마련이다. 학교, 병원, 주택 등도 사회적 환경변화를 외면하고 영원불변할 수는 없다. 대학이라고 예외가 될 수 없다. 시대의 변화를 크게 받아들인 생명환경대학은 빠른 구조조정을 요구받아 왔다. 대도시 사립대학이 더욱 그러하다. 새로운 학문에 대한 수요는 점차 확대되고 있다.

K-대학교의 농과대학 원로교수 여섯 명이 오랜 회의 끝에 기존대학을 발전적으로 해체하고 생명과학대학을 신설하는 안에 합의했다. 이 합의안에 대하여 대학에 재직 중인 교수 50여 명과 대화를 통해 인식을 같이하도록 했다. 대학교에는 11개 단과 대학이 존재하며 대학 간 경쟁이 치열하여 대학별 사회적 평판, 졸업생의 취업, 신입생의 입학성적 등 여러 분야에서 비교평가를 하고 있어서, 소속대학 교수들은 입학시즌이 되면 곤혹스러워한다. 대학 경쟁력을 높이기 위해 고육지책으로 마련된 대학개혁안에 대하여 교수들 스스로 깊은

신뢰감을 나타내면서 공감하는 분위기가 형성됐다. 생존경쟁에서 대학이 살아남기 위한 마지막 몸부림이라고 해야 하지 않을까.

　대학의 발전방향을 결정하는 데는 그 대학에 재직 중인 교수들의 자율적 결정과 구성원들의 희생과 봉사를 토대로 하는 것이 좋아 보인다. 교수들은 재단이나 학교 본부를 대표하는 총장이 학교의 발전 방향이나 개혁을 주도하면 성공하기 어렵다고 흔히 생각해왔다. 졸업생들이나 재학생들의 반응도 이 점에서는 교수와 비슷하다. 이를 착안한 원로교수들은 재직 교수들이 앞장서서 대학발전을 위한 자율적인 결정을 하도록 했다.

　대학을 발전적으로 해체하는 과정에서 재직하고 있는 교수들의 전공 기득권은 스스로 포기하도록 한다. 교수가 퇴임하면 자신의 전공 후임자를 채용하지 않고 생명과학대학 전공 채용인원으로 전환한다. 교수가 30년 이상 재직하다가 정년퇴임 하면서 애지중지하는 것 중의 하나는 후임자 결정이다. 대학 자체의 벽을 허물고 새로운 대학 신설을 추진하기 때문에 교수들의 전공 기득권을 포기하도록 하는 일은 가장 어려운 일 중의 하나였다. 만약 재단 관계자나 총장이 이를 요구한다면 어느 교수도 받아들이지 않았을 것이다. 자기가 떠나면서 그 자리에 생명과학대학 전공자를 채용하도록 허용해야 한다. 이것이 바로 희생이요 봉사 정신이 아니고 무엇인가.

　시작은 이렇다. 생명공학 계열 신입생 정원 40명을 확보하기 위해 기존대학에서 제일 잘 나가던 학과의 정원 100명 중에서 40명을 감축하기로 했다. 이를 허락해준 관련 학과 교수들은 자신들의 희생을 무릅쓰고 어려운 결정을 해 주었다. 이 결정이 알려지자 마치 생명과학대학으로 가기 위한 첫 삽을 뜬 것처럼 교수들이 기뻐했다. 생명공학 분야 교수채용을 보면서 대학 전체가 새로운 학문에 대한 기대가 높아지고 대학원 연구 분위기가 바뀌기 시작했다. 생명공학원 설립으로 대학원 연구가 활성화됐다. 이는 정부의 '이공계 대학원 육성사업'에 K대의 '생명공학 분야'가 중점 육성대상으로 선정된 것이 계기였다. 생명공학 연구와 더불어 생명과학부가 탄생했다.

대학은 그동안 체제개편을 거듭하면서 대학 명칭이 자연자원대학으로 유지하다가 생명환경대학으로 운영해 왔으나 졸업생 평판이나 신입생의 입학성적은 크게 개선되지 않았다. 주택에 비유하면 여러 번 리모델링했으나 집값은 전혀 오르지 않은 꼴이었다. 어쩔 수 없이 생명환경대학은 해체 절차를 밟으면서 생명공학원에 흡수되고, 그 후 생명공학부로 확대 개편됐다. 이와 동시에 이과대학 생물학과가 생명과학부로 통합되면서 생명과학대학이 신설됐다. 생명과학부로 통합하는 생물학과는 학문의 성격상 중심역할이 예상되어 환영하는 분위기였다.

그럼에도 불구하고 생물학과의 통합 이후 반전이 일어났다. 이과대학 생물학과 동창회에서 통합과정에 큰 장애물이 발생한 것처럼 통합반대 움직임을 일으키자, 학생들에게도 영향을 미쳐서 어처구니없이 '생명환경대와 통합반대'라는 구호까지 등장하면서 통합움직임에 제동이 걸린 적이 있다. 생물학과가 생명과학부의 중심이라는 점과 학문의 발전 및 졸업생들의 배출을 위해서도 통합이 불가피하다는 교수들의 설득과 생물학과 교수회의에서 만장일치 의견으로 생물학과와 생명과학부 통합을 추진한다는 견해를 밝힘으로써 통합 반대 의견은 사라졌다.

새로운 대학의 탄생은 기존대학 해체에서 통합과 개편과정을 거쳐 생명과학부와 생명공학부를 갖춘 생명과학대학이 신설되기까지 40년(1984-2023)이 걸렸다. 이는 재건축을 위해 노력해온 대학교수들이 불굴의 투혼을 발휘한 결과가 아닐까. 이에 대하여 재단과 학교본부는 자발적인 대학 해체와 타 대학과 통합으로 신설 대학을 만든 것은 우리나라 대학역사의 최초이며 앞으로 빛낼 기록이라고까지 칭송했다.

오랫동안 거주해오던 주택을 리모델링했으나 만족하지 못하던 중 구성원의 단합된 결속으로 기존건물을 해체한 후, 재건축을 완료하기까지는 많은 시간이 경과됐다. 입주민들은 모두가 만족스러워 할 뿐만 아니라 가격이 크게 올라 환영하고 하고 있다. 대학구성원들은 인지도가 크게 높아져 매우 만족해한다. 이제는 우리가 경험한 기존대학 해체에서 생명과학대학 신설에 이르는 비법을 배우려고 많은 대학교가 K대학을 방문하고 있다.

낭만을 모른다

 누구나 신체적으로 고유한 특성을 가지고 태어난다. 기본 체질은 자기만이 가지고 있는 특성으로 사람마다 다르다. 노력하고 또 노력하면 극복할 수 있지만, 그렇지 않은 것도 있다. 체내에 알코올 분해효소가 없는 경우다. 술을 입에도 못 대는 나는 사회생활에서 얼마나 불리한 위치에 있을까를 생각한다. 나는 우리 사회조직의 중심에 진입할 수 있을까. 세상에 불가능은 없다고 하지 않는가. 여건을 바꾸고 전심전력하면 가능하지 않을까.

 나는 대학 시절 맥주 한 잔 못했다. 술을 조금만 마셔도 얼굴이 빨개진다. 나중에 알게 된 사실이지만 내 몸에는 알코올 분해효소가 없다. 육군소위가 되면서 술을 배우고 몸무게를 늘리려고 부단히 노력했다. 작업장에 나갈 때는 수통에 막걸리를 채우고 수행하는 전령의 수통에도 똑같이 채운다. 또 비 오는 날 내무반에 있으면 사병들이 수통에 막걸리를 채워서 내 얼굴 위에 매달아 놓는다. 언제나 마실 수 있도록. 미국 유학 중에도 노력했으나 성과가 없었다. 조교수 시절 연구비를 받으면 차례로 술 사는 관례가 있었다. 동료 5-6명이 모이면 양주병이 사람 수만큼 늘어난다. 왜 나는 술 마시는 것에 목매는 것일까. "술 못하면 우리나라 조직사회에서는 핵심 멤버가 될 수 없기 때문이다." 음주 능력은 나에게는 넘기 힘든 조건으로 느끼며 살아왔다.

안암산우회는 교직원 등반모임으로 학교버스를 이용한 1박 2일 산행을 전국의 유명산을 대상으로 산행한다. 산제山祭 행사가 끝나고 저녁이면 당연히 바비큐 파티에 이어 캠프파이어 주위를 둘러앉아 밤새워 술 마시며 정답게 대화를 나눈다. 인생의 멋과 여유를 부리는 분위기이다. 멀리 떠나온 산행을 기념이라도 하듯이 시간 가는 줄 모르고 대화로 이어진다. 나는 술을 못해서 끝까지 참석하지 못하고 중간에 일찍 나와 잠자러 간다. 반푼이 같은 인생을 살아야 하는지 한없는 부끄러움을 느꼈다. 쥐구멍에라도 들어가 숨고 싶다. 산행을 같이 간 교수, 직원 선생님들은 이 같은 나의 행동을 보고 '낭만을 모르는 사람'이라고 안타까워하지는 않았을까.

교수재직 때 있었던 이야기다. 총장은 1년에 한 차례씩 전체 과장 40명 회의와 회식을 주관한다. 학사행정을 잘 마무리한 데 대한 감사와 격려를 하는 회식 시간이다. 이때 학생처장이었던 나는 반드시 참석해야 한다. 학생시위로 각 부처의 과장님들의 노고가 많았기 때문이기도 하다. 총장은 과장 한 사람 한 사람으로부터 술잔을 기꺼이 받으면서 밀릴 때는 옆에 빈 컵에 따뤄 두었다가 천천히 다 마신다. 40

잔 이상을 드니까 소주 7병을 마신 셈이다. 나는 이를 보고 심적 부담을 느낀다. 혹시나 회합에서 흥겨운 분위기를 깨면 어쩌나 하는 마음 때문이다. 그날은 참석한 처장으로서 상당한 주량을 마셔야 한다. 처음 한잔은 천천히 마신다. 술 한잔에 물 한 모금씩 마시면서. 이 모임에서 나는 '몸을 아끼는 사람'이라는 인상을 주지는 않았을까.

학생시위가 확대되어 특히 주말이면 전국의 대학생 10만여 명이 고려대학교에서 1박 2일 시위집회를 할 때는 긴급비상상황으로 대응체제가 바뀐다. 이때 제일 중요한 것은 대통령 화형식 등 집회시위에 대한 지도보다는 안전사고예방을 위한 치밀한 전략이 요구된다. 학생들이 체류하는 이틀 동안 먹이고, 잠재우고, 화장실 문제를 세밀하게 준비해야 큰 사고를 미연에 방지할 수 있다. 전국 확대시위와 관련하여 정부 관계부처 장관들과의 합동회의나 학생처장협의회 모임 등에서 나는 술을 잘하지 못하는 것이 분위기 깨는 모습으로 비치지 않을까 노심초사할 때가 많았다. 그들은 나를 보고 '소극적인 사람'이라고는 생각하지는 않았을까.

향우회 하는 날이면 고향 선후배들이 마음을 터놓고 회식한다. 안부 전화 없이 지내다 보니까 나를 매정하다고 안쓰러워하고, 때로는 내가 침묵을 유지하고 있으면 과묵하다고 할 때도 있다. 평소에 내가 남에게 좋은 감정을 갖고 있으면 남도 나에게 좋은 느낌을 갖는다고 생각한다. 이 모임에서는 마음이 좀 편안하여 술 몇 잔을 한다. 그러면 반드시 이어지는 대화 중에 나는 조는 모습을 보이게 된다. 술에

깜빡 취해서 나타나는 현상이다. 이 자리를 함께한 사람들은 나를 보고 '졸고 있는 사람'이라고 하지는 않았을까.

학과에서 연구 발표회가 있는 날은 반드시 모든 교수와 대학원 학생들과의 30명 회식 자리를 마련한다. 그때 나는 학과장을 맡고 있어서 회의 참석자들에게 분위기를 띄우는 입장이다. 술 마시는 것이 걱정되었다. 자리를 세팅하는 분에게 내 술잔은 큰 컵을 가져다줄 것을 요청했다. 건배 제의를 하려고 술잔을 높이 들었다. 모든 사람의 시선이 내 술잔에 집중되었다. 모두가 부러워하는 눈치였다. 한참의 시간이 지난 다음 젊은 교수가 제안을 하나 했다. 왜 학과장 선생님만 컵으로 하느냐면서 컵을 돌리면 좋지 않겠느냐고 하자 모두 동의했다. 그때까지 내가 술을 적게 마시려고 컵을 선택한 이유를 아무도 몰랐다. 내가 한 컵을 비웠을 때는 모두가 7-8잔을 마신 상태였다. 그다음에 컵을 앉은 사람들에게 두 바퀴 돌렸다. 모든 사람은 2.5병 이상을 마셨고 나는 1.5병을 마시는 데 그쳤다. 술 못 마신다는 게 죄일까.

나는 체질적으로 술을 못 마신다. 다른 사람들은 이 문제를 별것 아니라고 할지 모르나 나는 장애인이 된 느낌이다. 팔다리와 육체만 건강하면 무엇하나. 남들과 어울려서 인생을 즐기고 낭만을 함께 누릴 수 있는 사람이 되어야 하지 않겠는가. 낭만을 모르는 사람, 몸을 아끼는 사람, 소극적인 사람, 졸고 있는 사람, 분위기 깨는 사람 등의 소리를 들으며 지내왔다. 일생 동안 술 마시는 노력을 쏟아부으니 70세 된 어느 날 긍정적인 신호가 왔다. 친지 두 사람과 함께 만나서 점심 식사하는 자리였는 데 소주 일곱 병을 즐겁게 비웠다. 나도 소주 두 병은 마신 셈이다. 이것을 계기로 나는 이제 누구를 만나도 술 못해서 분위기 깨지는 않는다. 늦었지만 다행이지 않는가.

농민의 시름

　벼농사는 천 년의 역사를 지닌 한국의 전통산업이다. 기후 요인 중에서 강우량과 밀접한 관계가 있다. 연간 강우량이 여름 3개월 동안에 2/3가 집중된다. 작물이 생육하는 기간 대부분을 물속에서 자라는 식물은 벼와 잡초인 피뿐이다. 우리가 벼를 주곡으로 하는 이유가 여기에 있다. 옥수수와 밀을 재배하는 미국이나, 감자를 주 작물로 하는 유럽지역은 흡족하지 못한 강우량에 기인하고 있다. 76년까지는 우리는 주곡자급을 이루지 못했다. 배고프고 가난한 시절을 겪어야만 했다. 저수지가 보급되면서 논은 수리안전답으로 전환되고, 물값이 농민의 불만 요인으로 등장한다.
　우리나라 해외주재원이 열대 국가의 한 지방의 농촌을 지나다가 문득 논둑에 앉아 벼 이삭을 관찰한다. 신기할 정도로 벼 한 이삭에서 무려 157개의 알갱이를 발견하고 본국에 이를 보고한다. 볍씨 한 가마니를 조달해오라는 훈령을 받고 조치한 것이 통일벼 재배의 원조가 되었다. 열대지방의 벼 품종은 나중에 인디카로 밝혀지면서 수확량이 많은 것은 사실이었다. 우리 벼 품종과 교잡을 시도했으나 불임 현상이 나타났다. 두세 다리를 거쳐 계속 교잡종을 만들어 본 결과 제3의 교잡종이 탄생하면서 통일벼의 품종개량에 성공할 수 있었다. 단위 면적당 수확량이 2배에 달했다. 키가 작고 추위에 약한 점은 품종개량으로 극복했다. 어려웠던 점은 우리 벼보다 수확 시점이 빨랐던 것을 해결하기 위해 일본 유카라를 찾은 결과 통일벼의 다수확 품종이 탄생했다. 통일벼가 전국에 보급된 지 5년 만에 우리나라는 주곡 자급에 성공하게 된다.

"가난은 참을 수 있어도 불공평은 참을 수 없다"는 선조들로부터 전해 내려오는 말이 있다. 벼농사를 위해 논에 물을 대는 데 따른 물값이 공평하지 못하여 빚어지는 일이다. 단위 면적당 논에 물을 공급받는 양은 같은데도 불구하고 농지개량 조합비는 필지마다 다르다. 농촌은 도시의 근본이다. 서울 인구가 250만 명에서 1,000만 명으로 증가했으니 3/4이 전국 각지에서 모여든 인구이다. 산업화에 따라 도시가 급격하게 발전하면서 농촌은 새마을 소득증대 사업과 농촌 근대화를 앞당기는 노력을 계속했다. 농촌발전과 도시현대화가 공존하는 문화가 이때부터 정착하게 되었다. 도시가 고층빌딩으로 현대화하면서도 전통한옥이 의젓이 공존하는 문화가 우리의 자랑거리인 것처럼.

옛날에는 천수답이 많아서 가뭄으로 벼농사를 지을 수 없었다. 70-80년대에 전국에 많은 저수지를 건설하여 농업용수를 본격적으로 공급하기 시작했다. 저수지 관리는 농지개량조합을 만들어 체계화하였다. 전국의 모든 논이 수리안전답으로 바뀌었다. 가뭄이 극심한 해에도 벼농사는 안전하게 지을 수 있었다. 저수지가 개발되면서 저수지로부터 물을 공급받는 대상 지역을 '개발 전과 개발 후'로 나누어 생각해 볼 필요가 있다. 개발 이전에는 많은 지역이 야산이거나 과수원 잡초가 무성한 나지 밭 등 생산성이 낮고 값이 별로 나가지 않는 토지였다. 개발 이후에는 값이 비싼 수리안전답으로 바뀌게 된다. 과거에 쓸모없던 토지들이 이제는 의젓한 값비싼 논이 된 것이다. 대상 지역의 땅을 가진 농민들은 환호성을 지르며 좋아한다. 그러나 이 분위기도 오래가지 못한다. 농민들이 비애는 물값 차등에서 느끼기 시작한다. '물값에 대해서 공평하지 못하다고 생각하며 느끼는 슬픔'이 그들을 서럽게 만든 것이 아닐까.

저수지 설치사업은 '국고보조 70%와 농민부담 30%'를 원칙으로 이루어진다. 이 수리사업은 농본사회의 전통에서 유래된 것으로 '수혜자부담원칙'을 따르고 있다. 혜택을 받은 자에게 혜택의 정도별로 비용을 달리 부담시킨다. 차등부과는 저수지건설 전후의 혜택의 정도 차이, 수확량의 차이, 급수사용량의 차이, 야산 잡종지 과수원 밭 등의 '지목변화의 차이'에 따라 이루어진다. 실제 차등부과는 설치사업을 통해서 토지등급에 따른다. 토지등급별로 증수량에 따라 필지별로 야산 잡종지 과수원은 높게, 전 불안전 답 안전 답은 낮게 부과한다.

우리나라 수리시설의 관리 주체인 농지개량조합은 차등부과 원칙을 적용하는 데 있어서 근본적인 문제점을 노출시키고 있다. 농지개량조합비는 유지관리비와 장기채 상환비로 구성되어 있다. 과거에 설치된 저수지를 관리하는 비용으로 인건비와 시설유지비 중심의 낮은 관리비를 부과하고 있다. 실제로 유지관리비는 등급별 차등부과를 하는 문제점을 가지고 있다. 유지관리사업은 모든 토지에게 동일한 혜택을 주고 있다. 동일한 급수량에 대해서는 동일한 부과가 마땅하다. 유지관리비는 조합의 경영비 성격이다. 결과적으로 유지관리비는 모든 토지에 대해서 균등부과되어야 하지 않을까.

농지개량조합의 설치사업에 따르는 장기채 상환은 면적당 균등 부과하고 있다. 설치비용을 농민들에게 공평하게 부담시킨다는 원칙하에 시행하고 있다고 한다. 설치사업은 저수지 건설 전후의 성격으로 차등부과가 마땅하며, 상환을 완료할 때까지로 한시적이어야 하지 않겠는가. 설치사업에 소요되는 장기채 상환은 혜택을 많이 받은 자에게 많이 부과하고, 혜택을 적게 받은 자에게 적게 부과해야 하지 않을까. 설치사업 전후의 토지등급별로 차등부과를 해야 하지 않을까.

농민의 시름은 수리 혜택에 대한 차등부과원칙을 잘못 적용한 데 따른 것이다. 저수지를 관리하는 인건비와 유지관리 비용은 균등하게 부과한다. 댐을 설치하면서 경사지를 수리안전답으로 바뀐 토지들은 한시적으로 차등부과한다. 당시 부담배분 문제에 대해 내가 수행한 연구결과는 농수산부 장관에게 브리핑 되고 농수산부에서 이를 정책제안으로 국회에 이관하여 이 문제가 완전히 해결하는 토대가 되었다. 잘못된 관행을 찾아내어 180도 바뀐 원칙을 적용하여 농민 부담의 불공평을 해소하지 않았는가. 농민의 환희를 기대해 볼 수 있지 않을까.

제2부

크루즈 여행

허들 넘기

사람은 일평생 같은 문장을 두 번 쓰지 않는다. 문장을 만드는 일은 많은 생각을 거쳐 이루어진다. 붓 가는 대로 쓴 글이 문학적 에세이라고 했던 시대도 있었다. 철학적 논문도 주제의 선정에서부터 서술하는 내용까지 독창성을 가지고 다른 논문과 차별성을 갖출 것을 요구한다. 창의성에 근거를 두고 논리적으로 서술해야 하므로 그 작성 과정에는 어려움이 가중될 때가 많다. 이런 이유로 상당수 대학원 학생이 학기를 초과해서 오랫동안 학교에 머무는 경우도 볼 수 있다. 논문 쓰기를 학부에서 배운 경험이 없는 나에게는 매우 어렵게 느껴졌다.

대학원 두 해째에 석사학위 논문 초안을 작성했다. 그 초안은 논문 주제에 대하여 직접 연구 분석한 내용을 서술하는 것에 더하여 문헌 분석이 포함됐다. 같은 연구실의 선임 박사과정생 '슈스터'가 논문이 완성되면 챕터 별로 읽어주겠다고 약속했다. 연구실에는 대학원생 여섯 명이 함께 생활했는데 제일 안쪽은 선임 박사과정생이 자리하고 다음은 대학원 입학 연차 순으로 책상 위치가 정해진다. 나는 입구에서 두 번째 자리였다. 매우 우호적이며 진지한 분위기 속에서 연구와 과제물 작성에 모두 바쁘게 생활했다. 가끔 맥주 바에 가서 동료들 간에 즐거운 시간을 갖기도 했다. 나는 자유분방한 선진국인 미국의 대학교에서도 이처럼 권위와 권력이 책상의 위치 선정에까지 작용하리라고는 생각하지 못했다. 완성된 초안을 넘겨주었더니 며칠 후 돌려준 논문은 거의 모든 페이지에 빨간색 줄이 그어져 있었다. 너무나 큰 충격을 받았다. 혹독하고도 처절한 실패를 경험했다. 동료들이 모두 귀가하고 연구실에 혼자 남았다. 서러움이 갑자기 밀려와서 한없이 눈물을 흘렸다.

  논문을 어떻게 써야 하는지 몰랐던 때다. 초안을 통째로 쓰레기통에 버렸다. 그날부터 나는 비장한 각오로 논문작성에 대해서 많이 고민했다. 논문작성은 반드시 통과해야 하는 허들이었다. 내가 직면한 난관은 오륙십 센티미터 높이로 낮은 철조망이 뒤덮여 있고 그 철조망 위로는 기관총이 난사되고 있었다. 군에서 유격훈련장이 바로 그렇다. 살벌하다. 나는 그 철조망 밑을 낮은 포복자세로 일정한 시간 안에 통과해야만 한다. 그날은 비가 오고 있어서 바닥이 진흙으로 질퍽거려 자세를 낮추어 바닥에 납작 엎드린 채 양팔과 두 다리를 힘껏 빠르게 움직여도 전진이 별로 이루어지지 않았다. 아침 일찍부터 하루 종일 사고思考에 매달려도 고작 몇 문장을 만드는데 그치는 것처럼. 포복해서 허들을 통과할 때 자세를 높이거나 철모를 쓴 머리를 들면 총탄에 맞을 수 있기 때문에 힘들고 지루해도 끝까지 버티면서 전진하는 수밖에 없다.

내가 무엇을 연구하고 분석해서 이러한 결과를 도출했다는 서술이 아닌, 이 연구에서 무엇을 찾아냈으며 그 의미가 무엇인지에 대한 창의적인 서술방법을 따라서 완성하라는 명령이었다. 긴장된 탓에 책상 위에 있는 책들은 모두 치웠다. 책상에는 종이와 펜만 남겨두었다. 그때부터 오직 생각과 상상에만 매달렸다. 머릿속에서 상상하면서 구도를 잡고 한 단어 한 단어를 골라 배열을 하면서 동사를 바꿔 보기도 하고 문장이 좋아질 때까지 수없이 문장 만드는 일을 반복했다. 문장이 완성됐다는 느낌이 들 때 비로소 종이 위에 옮겨 놓았다. 그러면 그 문장표현은 역동적으로 느껴질 때가 많았다. 매일 이 작업을 반복하며 수정할 부분이 생기면 정정했다. 논문 쓰기는 하루에 고작 네다섯 문장을 완성하는 데 그쳤다. '티끌 모아 태산'이라더니 이런 생활을 한 달을 이어가니 어느덧 105페이지에 달하는 최종 논문이 완성됐다. 그 순간 나는 이 논문이 심사위원회에서 통과되리라고는 전혀 생각하지 못했다.

마침내 완성된 논문을 지도교수에게 제출했다. 깜짝 놀랄 일이 발생했다. 제출하고 일주일이 지난 어느 날 오후, 책상에 두 발을 올려놓고 쉬고 있는데 문밖에서 노크 소리가 들렸다. 갑자기 지도교수가 들어왔다. 화들짝 놀라서 일어나 부동자세로 섰다. 지도교수가 온화한 목소리로 "킴, 네가 제출한 논문을 고쳐도 괜찮으냐"고 물었다. 지도교수께서 자기 학생의 의견까지 물어주는 선진국다운 수준 높은 배려에 몸 둘 바를 몰랐다. "물론, 그렇게 하시죠"라고 대답했다. 그 다음 날 수정한 논문 전체를 나에게 돌려주었다. 제출한 원래의 논문에 문장을 수정한 곳은 한 군데도 없었다. 다만 부정관사인 [a], [an], 정관사 [the] 그리고 두 군데 전치사를 연필로 [ ]로 표시한 것뿐이었다.

그래서 연필로 지적된 부분만 수정해서 최종 논문으로 심사위원회에 제출했다. 그 논문은 심사위원회에서 통과됐다. 논문 심사가 끝난 후 지도교수는 활짝 웃으면서 나에게 앞으로 박사과정에 진학해서도 논문을 이렇게 쓰면 된다고 격려해 주었다. 그 후 학과장이 특별히 관심이 있어서 내 논문을 읽어 주셨다. 이때는 오히려 두 군데 어순조정(wording)이 좋겠다고 지적했다. 이미 논문 심사 완료 후여서 수정해도 부담이 되지는 않았다.

선임 박사과정생이 통렬하게 비판해준 것이 나에게는 제대로 논문 작성하는 데 결정적 역할을 했다. 논문 드래프트를 줄줄이 부정한 덕분에 '한 문장 한 문장을 머리로 깊이 생각해서 윤문할 수 있도록 해 준 것이 올바르게 논문을 작성하게 된 원천'이 됐다. 지금도 나는 글을 쓸 때는 생각해서 머릿속에서 몇 번을 굴리면서 단어와 동사도 바꾸어 보고 문장이 완성됐다는 판단이 서면 비로소 종이 위에 문장을 옮겨쓰도록 했던 그때의 모습을 그리워한다. 그게 올바르게 글 쓰는 방법이다. 나는 수생반에 들어와서 도입부의 첫 문장이나 결론부의 한 문장은 머릿속에서 한참 동안 생각해서 문장이 됐다는 판단이 선후에 문장으로 옮기는 버릇이 생겼다. 완벽한 문장에 다가가고 싶어서 몸부림치는 연습과정인지도 모른다.

사고에서 문장이 만들어지기까지는 많은 시간을 들여 머릿속에서 반복연습과 훈련을 거친다. 문장이 완성됐다고 판단되어 종이에 마지막으로 옮겨쓴 글은 완벽한 문장이다. 힘든 허들 넘기는 창의력이 사고력에 근거하여 가슴에서 우러나옴을 보여주었다. 하루에 네다섯 문장을 만드는 데 그쳤던 그때의 한 달이 나에게 '올바르게 글 쓰는 법'을 깨우쳐 준 것 같다. 불가능해 보였던 허들 넘기는 생각에만 매달린 덕분에 극복할 수 있지 않았는가.

바람개비

　부모의 자식에 대한 기대는 무엇일까. 자녀가 부모의 직업을 따르고 싶은 심정은 이해된다. 모든 면모를 보면서 자라서 그의 가치관 형성에 영향을 받았을 것이다. 그런 자녀의 희망에 대한 의지를 꺾고 새로운 길로 내몬 사례는 흔하지 않다. 성공이냐 실패이냐의 결과가 판단에 영향을 미칠 것이 분명하다. 잔인하다는 견해와 선견지명이 있어서 잘했다는 견해가 대립된다. 정답은 현실을 극복하는 자녀의 지혜와 노력에 달렸다고 해야 하지 않을까.
　나는 아들이 미국으로 유학을 가겠다고 할 때 정면으로 반대했다. 그는 K대 경제학과를 졸업하고 상위의 성적이므로 미국에서 대학원 경제학과 입학에는 문제가 없어 보였다. 반대한 이유는 매우 단순하고 현실적인 것이었다. 미국의 유명 대학에서 경제학 박사학위를 받아도 국내 대학에서 교수 자리를 찾기가 지극히 어렵기 때문이다. 내가 근무했던 K대 식품자원경제학과 교수 모집에 하버드대 출신이나 옥스퍼드대 경제학박사들이 지원하고 있다. 그만큼 경제학과 교수

자리 찾기가 절박할 정도로 막장임을 나타내고 있다. 미국에서도 경제학과 교수 자리 찾기는 매우 어렵다.

얼마 후 그는 다시 찾아와서 유학 가서 공부하겠다는 의지를 밝혔다. 그에게 새로운 도전 이야기를 꺼냈다. 청천벽력같은 상황이 전개됐다. 학문 분야를 완전히 바꾸어 새롭게 공부를 시작할 것을 권유했다. 수학과나 통계학과 대학원으로 진로를 바꾸어 유학 가겠다고 하면 기꺼이 허락한다고 했다. 이 얼마나 상상하기 어렵고 무모한 시도라고도 볼 수 있는가. 그는 진로변경에 따른 유학문제로 많은 고민에 고민을 거듭하다가 20일쯤 지난 후에 통계학과 대학원으로 가겠다고 스스로 결정했다. 매우 잘했다고 칭찬했다.

새로운 도전은 이렇게 시작된다. 그는 통계학과 석사학위과정에 입학지원서를 쓰기로 했다. 이때 내가 아이디어 하나를 줄 테니 그렇게 반영해 보라고 제안했다. "앞으로 나는 경영학이나 경제학 박사학위를 이수하고자 합니다. 그렇기 위해서는 이 분야 학문연구에 도구로 활용할 수 있는 통계학 석사학위가 저에게는 절실하게 필요합니다"라는 내용이다. 그리고 이어 미국에서 통계학이 가장 유명한 스탠포드, 시카고, 콜롬비아 등 세 대학을 골라서 지원서를 제출할 대상 학교로 추천했다. 세 대학교의 리스트를 보고는 그는 어려운 대학교들이라고 움찔하면서, 왜 나는 세 군데만 지원하느냐면서 의심스러운 눈으로 나를 쳐다보았다. 친구들은 심지어 15개 대학에 지원서를 보내는데 라면서.

그는 추천받은 세 대학교로 입학 지원신청에 필요한 연구 목적, 입학 지원신청 사유서 등 필요한 모든 서류와 성적증명서를 갖추어 입학을 신청했다. 미국에서도 입학경쟁이 가장 치열한 세 명문대학에 경제학과 학부 출신인 외국인 학생이 통계학과 석사학위과정에 응모한 경우는 흔치 않은 일이다. 학부과정을 전혀 이수하지 않았기 때문에 그가 바로 대학원 통계학과 석사학위과정에 적응할 수 있을까 하는 의문이 따라붙는다. 그 후 몇 주가 지나 세 대학교로부터 모두 입학허가서를 받았다. 기적이 일어난 것이다. 공부할 기회를 제공해 주어서 너무나 감사해야 할 일이다. 나는 그의 입학허가서를 들고 경영학과 교수들을 만나 학교 선정을 위한 자문을 구한 결과 스탠포드 대학교로 보내는 것이 좋겠다고 했다. 그 후 그에게 스탠포드대학교로 입학하겠다는 서신과 나머지 두 대학교에는 못 가게 된다는 내용의 서신을 보내도록 했다.

그다음이 진짜 문제다. 합격의 기쁨보다 걱정이 태산 같다. 학교 공부를 따라갈 수 있을까. 기초가 없는데 건물시공을 해야 한다니 그게 말이나 되느냐고. 무지와 걱정으로 헤쳐나가야 할 난관만 보인다. 입학할 때까지 상당한 시간 여유가 있어서 이 기간을 나는 그의 정신무장 시간으로 활용하기로 마음먹었다. 아버지가 어려울 때 유학 갔던 이야기부터 학교 강의를 알아듣지 못했던 어려움, 지난 시간에 퀴즈 본다고 알렸을 텐데 나만 듣지 못해서 노트를 찢어서 시험 쳤던 이야기, 아침 일찍부터 연구실에 틀어박혀 밤늦게까지 공부에 매달렸던 이야기, 숙제를 위해 수많은 시간을 허비한 사건 등 유학의 어려움을 소개한다. 그뿐이 아니다.

　인천 월미도에 데리고 가서 바닷바람을 쐬며 앞바다 주위를 걸으면서 그를 유학 보내는 부모의 심정을 소상히 털어놓았다. 나는 '하나뿐인 아들을 잃어버릴 수도 있는 위험한 시도를 하고 있다'고 생각한다. 쉽게 말하면 스텐포드대학에서 석사학위에 성공하지 못하면 주변의 눈총이 따가워 귀국하지도 못하고 미국에서 전전하며 살아야 한다. 또 다른 대학원으로의 진학도 쉽지 않다. 자네에게는 이번이 마지막 기회가 될지도 모른다. 아버지인 나도 생각하기 싫은 앞날의 결과를 예단하는지도 모른다. 아버지가 아들을 앞에 보이는 태평양 바다에 발로 차서 찬 바다로 밀어 넣는 형국이라는 것을 느낀다고 말하고 함께 집에 돌아왔다.

　미국 유학이란 이름으로 시작된 도전의 바람개비로는 너무나 끔찍했다. 스탠포드 대학교에서 통계학석사로 졸업한다는 그의 소식을 듣고 가족들은 그렇게 반가울 수 없었다. 일단 그가 계속해서 공부할 수 있다는 안도의 한숨을 쉴 수 있었다. 그렇게 좋은 느낌도 일순간으로 지나가고, 이제 생각에 떠오르는 것은 미국 동부 대학으로 가기 위해서 노스캐롤라이나대학에 경제학 박사과정으로 입학허가를 확보해 놓은 상태라고 했다. 인간은 극한 상황을 잘 이겨내면 다음 일이 순조로워지기 마련이다. 통계학석사라는 결과물은 그의 또 다른 새로운 도전에 경쟁력을 쌓는 과정에도 크게 작용하지 않았을까.

크루즈 여행

이해와 열정이 강의를 완성한다. 성실한 준비로 내용을 완벽하게 파악하면 멋진 연출만 남는다. 강의는 수강생들 앞에서 가르칠 내용을 프리젠테이션 하는 행위이다. 나는 전공과목을 학생들에게 열정적으로 강의한다. 강의는 교수라는 직업과 대학교라는 직장에서 가장 소중하게 다루는 영역이다. 강의에 임하는 교수의 자질과 교육자적 태도가 그 성공 여부를 결정한다. 여기에는 근면과 성실을 앞세운 철저한 준비와 집중적인 노력이 요구된다.

강의 시간이 기다려진다. 준비가 완료됐다. 강의하고 싶은 충동이 일어난다. 과목의 개요를 설명하고 목표를 제시하며 학생들 또한 기대를 갖도록 만든다.

먼 여행을 함께 떠나는 여정에서는 한 팀이 되는 것이 바람직하기 때문이다. 서양인들이 자주 쓰는 '같이 갑시다' go together라는 말처럼 강의는 학생과 교수의 혼연일체가 돼야 그 효과를 극대화할 수 있다. 강의하는 자는 여행의 안내자다. 개념을 쉽고 명료하게 설명한다. 가끔 토론기회를 제공하면서 학생들의 참여를 유도한다. 학생들이 과목에 흥미 가지고 쉽게 따라올 수 있도록 한다. 그들이 수강 신청한 과목이 잘한 선택이라고 스스로 믿게끔 해준다. 아울러 다음 시간에 강의할 내용을 알려주면서 학생들이 강의를 기다리게 한다. 이것이 나의 마음가짐이자 학생들과 함께 실천해야 할 덕목이다.

  강의를 잘하기 위해서는 이론지식이 튼튼하고 관련 분야를 포함해서 내용을 잘 알고 있어야 한다. 그래서 미국에서 석사, 박사학위를 받고 인접 분야의 추가 공부까지도 하지 않았는가. 강의내용을 철저히 이해하고 강의를 잘하겠다는 열정이 있어야 한다. 그리고 무엇보다 중요한 것은 강의준비를 완벽하게 해야 한다. 대학에서는 '한 번 강의안을 만들면 10년 간다'라는 말이 있다. 그만큼 매년 강의안을 새로 만들고 확충하기가 어렵다는 뜻이다. 목사님이나 성직자들은 수십 년 동안 똑같이 많은 신도를 대상으로 매주 설교를 한다. 대단하다. 이에 반하여 대학교수들은 매년 3월이면 수강하는 학생들이 모두 바뀐다. 그러니 전년도의 강의 안으로 똑같이 강의해도 그냥 넘어갈 수 있다고 생각하지만, 전혀 그렇지 않다. 강의실을 나서면서 학생들의 웅성거림이나 수업 방해 행동을 느낄 때 비로소 교수는 알게 된다.

  그뿐이 아니다. 대학에서는 과목당 수강신청자가 10명 이하일 경우에는 교무처에서 직권으로 그 과목개설을 폐쇄한다. 한 학기에도 여러 교수가 이런 수모를 겪기도 한다. 폐강 당한 교수의 입장은 어떨까. '알아야 면장을 한다'라는 말처럼 강의 대비사항에 심각한 결핍이 있음을 암시해준다. 과목에 대한 이해 부족이나 자료준비가 완벽하지 않아서, 또 아니면 설명을 할 때 핵심을 찌르지 못하고 변죽만 울리거나 할 때 등이다. 이쯤 되면 신분의 위협까지도 느끼게 한다. 대학의 기능이 강의와 연구인데 핵심 교육기능을 크게 훼손하면서까지 교수직에 머물러 있을 수는 없는 노릇이다. 교수로서 강의준비에 전력투구하는 마음 자세가 아쉽다고 할 수밖에 없다.

나는 자원경제학 전공 교수이다. 운이 좋게도 경제학과에서 10년을 강의했다. 조교수, 부교수 시절에는 주로 경제학 이론 과목들을 담당했다. 미시경제학, 거시경제학, 그리고 재정학 등을 가르쳤다. 경제학은 자원 이용의 효율성을 추구하는 데 비해서, 자원경제학은 자원 이용의 세대 간 배분, 소멸 또는 훼손, 사회적 외부비용 문제까지를 다룬다. 이론경제학 과목들을 오랫동안 강의한 후에 교수가 되어 응용경제학 분야인 자원경제학을 강의하게 되니, 강의내용의 주제들을 자유자재로 다루게 되어 학생들의 만족도가 높았다. 원래 응용 분야의 과목들은 소의 사료인 여물과 같이 오래 씹어도 소화가 잘 되지 않을 만큼 거칠어서 배우는 학생들이 흥미를 갖고 따라오기가 쉽지 않은 특성이 있다. 그런데 내가 맡은 과목은 철저히 잘 준비된 경제학 사전지식을 활용해서 설명해주기 때문에 이해가 쉽고 흥미도 갖게 된다.

여러 학문 분야를 섭렵하여 이론, 역사, 정책을 잘 소화한 이론적

바탕 위에 현실적 정책문제까지 제기하여 그 해결책을 강구했다. 교수 시절 마지막 15년간은 교육의 완숙단계라고 할까. 그 대표적 과목인 자원경제학, 공공경제학 등을 맡으면서 학제적 접근이나 정책적 응용 방안에 지대한 관심을 쏟기도 했다. 핵심교양과목 개설에 대해서는 동료 교수들의 부러움과 그들의 상실감이 학교 내 교수들 간의 치열한 경쟁이 일어남을 빗대어 '학교가 자유경쟁 시장인가'라는 야유성 이야기까지 만들어 낸 적이 있다. 나는 사회의 이해 분야에서 '자연자원과 경제생활', '시장경제와 공공선택'을 핵심교양과목으로 이수한 많은 학생에게도 큰 영감을 주지 않았을까.

내가 다시 태어나서 같은 전공 분야의 학문적 배경을 활용하여 교수가 되더라도, 이보다 더 좋은 강의경력으로 화려하게 데뷔할 수는 없을 것 같다. 그 말은 생애에서 후회 없이 강의하였음을 뜻한다. 많이 알수록 핵심 내용에 다가갈 수 있어서 강의가 편해지고 사례를 들어 설명하기가 쉬워진다. 한마디로 강의가 쉽고 이해가 잘된다. '사회의 이해'라는 영역의 핵심교양과목은 엄청난 수의 수강생들이 몰려들어 강의를 잘 해낼 수 있을지 고심했던 적도 있다. 많이 쫄았다. 그리하여 전교생의 존경을 받으리라고는 상상할 수 없었다. 학회, 기업체, 정부 기관 등 그동안 세미나에서 발표했던 주제 내용들을 학습 내용에 특강형식으로 일부 포함 시켜 대단위 강의로 진행했는데 인기가 폭발적이었다.

열정적인 강의가 바로 내가 좋아하는 것이다. 호흡에 집중하면서 명상을 통해 나의 무지를 걷어내고 이 사실을 터득할 수 있었다. 강의는 팀을 이루어 여행하듯이 완료했다. 끝날 무렵까지도 크루즈여행으로 세계 일주를 하는 것처럼 모두 만족스러워했다. 특히 핵심교양과목으로 개설한 자연자원과 경제생활, 시장경제와 공공선택 과목은 연간 2,200명의 수강생을 기록할 만큼 학생들의 인기를 한몸에 받았다. 이렇게 좋은 반응을 받다니 그 시간들이 모두 꿈만 같다.

실마리를 찾아서

 세상에는 늘 복잡하게 엉켜 쉽게 풀리지 않는 일들이 있다. 그 복잡한 고민은 어린아이였을 때도 있었고, 학교 때도, 불과 얼마 전에도 그리고 지금 이 순간에도 나를 심각하게 하고 있다. 바로 내가 근무하는 대학에서 은행점포를 교내에 유치해야 할 필요성이 부각됐다. 학생들은 시간절약과 편의성 때문에 환영했다. 이 문제의 의사결정 단계는 하나은행장, 은행감독원장, 재무부 제일차관보였다. 11월 어느 토요일에 나는 이 문제를 문의하기 위해 은행감독원장을 찾아갔다. 바로 그는 한국은행 부총재였다. 은행 점포 신설은 매년 3월 초에 재무부에서 점포 개설에 대한 공문을 각 은행에 보내고 8월에 재무부 제일차관보가 결정한다고 했다.

 나는 뒤늦게 은행 지점을 교내에 설치해 달라고 요구하는 처지였다. '버스가 지나간 뒤에 손드는 격'이었으므로 나는 시차 때문에 해결이 어렵겠다고 낙담했다. 이제는 상황이 급박해서 나는 내심 깊은 생각에 빠져들어 상상한다. 지금은 안 되는 것을 되게 하기 위한 절박한 순간이어서 비상대책을 추구해야 할 처지에 몰렸다. 논리전개나 설득의 문제가 아니다. 절실한 호소를 통해서 내 편 만들기를 시도할 수밖에 없다. 호소로 내 편으로 만들려면 나의 처지를 잘 이해하고 스스로 도와주고 싶은 마음이 우러나게 해야 한다. 만일 성공하면 나에게 우군이 생겨서 짜고 치는 고스톱처럼 판 전체를 유리하게 돌릴 수 있다. 이제 남은 것은 최종결정자의 마음을 움직이는 것뿐이다. 이 모두가 나의 머리를 스치고 지나갔다.

　나는 은행감독원장에게 급한 사정을 호소할 수밖에 없었다. 학생들 데모를 막는 데는 교수들의 힘만으로는 부족하다. 우리는 면학 분위기를 위해 온갖 일을 다 하고 있다. 근년에 와서는 많은 사회단체가 나서서 협조해 주고 있으며 정부의 각 부처에서도 협력하는 분위기이다. 따라서 금융기관에서도 도와주면 좋겠다고 하자 그의 딸이 신문방송학과 3학년에 재학 중이라고 밝혔다. 바로 "은행감독원장님은 학부모이십니다. 도와주십시오. 학교는 수익사업이 아니라 학생들에게 편리한 도움을 주기 위해서입니다"라고. 그는 진심의 속살을 보이면서 점포조정위원장을 맡은 재무부 제일차관보가 K대 출신이라고 알려주었다.

　그 이야기에 약간의 '가능성'이 있다는 느낌이 퍼뜩 들었다. 그래서 은행감독원장에게 재무부 차관보가 가능성을 언급하면 내년 3월에 가서 신청하는 것으로 하고 지금 해줄 수 있느냐고 물었다. '그가 가능하다고 하면 모든 것은 해결할 수 있다'는 말을 듣고 재무부 청사가 있는 과천으로 급히 달려갔다. 작당 모의를 한 후의 귀띔이어서 나의 마음은 한결 뿌듯했다. 나는 여기서 놀라운 사실 하나를 발견했다. 감독원장과 차관보가 동의하면 해결할 수도 있다고. 그래서 나는 재무부 차관보를 만나면 전력투구하기로 마음먹었다.

그날 오후 두 시경인데도 재무부 차관보실에 결재를 기다리는 사람이 여럿 있었다. 나는 순서를 기다릴 수 없어서 밀치고 들어갔다. K대에서 왔다고 하고 은행유치를 설명하니 은행 과장을 불러서 이야기를 나눈 후 차관보는 '3월에 신청해서 8월에 위원회를 거쳐야 한다'고 했다. 절차에 집착하는 그의 모습이 나에게는 의외로 느껴졌다. 나는 차관보에게 은행 점포의 당위성을 인정해주면 설치하는 것이 가능할 수 있다는 은행감독원장의 발언을 상기시키고 싶었다. 은행감독원장은 "두 분이 해준다고만 하면 신청은 내년 3월에 하는 것으로 하고 당장에 점포설치를 해줄 수도 있다고 했는데요"라고.

차관보는 약간 당황한 모습을 띠면서 그럴 리가 없을 텐데 하다가도 그럼 확실하게 물어보고 결론을 내자는 의지를 보였다. 아주 중요한 순간으로 나는 희비가 엇갈림을 느꼈다. 전화하는 태도나 목소리의 높낮이 모두가 긴장 속으로 끌어들이는 순간이었다. 통화하는 십여 분이 이처럼 길게 느껴진 적이 없었다. 그러자 차관보는 직접 그에게 전화를 걸어 확인하기 시작했다. K대 김 교수가 여기 와 있는데 "내가 동의만 하면 당신이 해줄 수 있다고 말했다는데 당신이 책임질 수 있느냐"고 말하자 "3월에 신청하면 되지요." "대학이잖아요."라면서 답변을 이어가자 그러면 '당신이 책임지는 것'으로 하고 전화를 끊었다. 그 순간 실마리를 찾아서 실타래가 풀리는 것처럼 재무부 관료들의 절차적 경직성이 풀리기 시작했다.

다음은 하나은행장에게 어떻게 알리느냐가 관건이었다. 상급기관에서 은행에 지시하지 않는 것이 금융기관의 관행이므로 연락해주기를 기대할 수 없었다. 나는 논의된 결과를 하나도 빠뜨리지 않고 설명할 것을 마음속으로 다졌다. 나는 그날 하나은행장에게 전화할 내용을 몇 번이고 되풀이했다. 이미 퇴근 시간이 지나 그의 카폰 전화로 재무부 차관보와 은행감독원장 두 분을 찾아뵙고 K대 은행 지점 설치에 대해 논의한 결과를 전했다. 3월에 신청하기로 하고 점포 신설을 허가해준다는 두 분의 대화 내용이었다. 절차와 규정을 준수하는 은행장이지만 상부의 지시 없이는 움직이지 않는 관행을 깨고 그는 도와주겠다고 했다. 감격스러웠다. 은행 점포 허가에 대한 실마리를 찾아서 마무리 짓는 긴 하루였다.

가슴으로 절박함을 호소하니 한편이 만들어지고 한목소리를 내니 의사결정 과정이 훨씬 쉬워졌다. 심지어 미래 시간을 오늘로 당겨놓고도 최종 의사결정을 하는 것을 보지 않았는가. 인간 세상은 정의가 이긴다는 것을 보여주게 된 것이 아닌가. 고대 소아시아의 프리기아 왕국의 수도 고르디움에는 끝을 찾을 수 없이 복잡하게 매듭을 지어 묶어놓은 수레가 있었다. 그 매듭을 푸는 사람만이 소아시아의 왕이 되리라는 신탁이 내려진 매듭이었다. 수많은 영웅들이 왕을 꿈꾸며 그 매듭을 풀고자 노력했으나 모두 실패했다. 그는 그 매듭을 하나하나 잘라낸 것이 아니라 칼을 쳐서 매듭을 잘라버린 것이다. 인간 세상은 복잡계다. 쉽게 풀리지 않는 일들이 많다. 그러나 아무리 어려운 문제도 '고르디아스의 매듭'과 같은 대담한 선택으로 해결될 수도 있다. 그러나 결국은 신탁의 예언대로 그 매듭을 푼 점령자 알렉산더 대왕이 소아시아를 지배하게 되었다.

가뭄 속으로

나는 70-80년대 대학교수 시절에 혹독한 강의 부담에 시달린 적이 있다. 여러 대학에서 나의 전문지식과 서비스에 대한 요청이 있어서 강의를 많이 하게 되었다. 거부할 줄 모르는 나의 성격 때문에 빚어진 판단 결과였다. 내가 느낀 점은 수단 방법을 가리지 않고 좋은 교수를 찾아서 강의를 요청하는 대학이 학생들에게 만족할 만한 기회를 제공할 수 있다는 생각과 이 요청을 수락하는 강사의 입장이 강의를 원만히 진행하면 모두가 원윈하는 결과를 창출할 수 있다는 자신감에서 비롯된 것이라 할 수 있다.

그 당시 우리 정부는 수입대체산업에 이은 경공업 중심의 수출주도형 경제를 구축하고 있었다. 이어 전자, 철강, 기계, 자동차, 석유화학, 조선산업 등 중화학공업 중심의 제조업 강국의 기틀을 마련했다. 이에 따라 제조업 분야와 무역업 등 서비스산업 분야에서 고용기회가 확대되고 고용 구조도 고도화되기 시작하였다. 제조업 기반이 확충되면서 수출 중심의 고도 경제성장기에 접어들게 된다. 대학에서는 산업에 필요한 인력공급에 크게 고무되어 산학협력의 모멘텀이 일어나게 되었다. 대학 졸업자들의 취업 기회가 확대되고 대기업에 진출하기 위한 학생들 간의 경쟁이 심화되면서 취업을 위한 면학 분위기도 한층 고조되었다. 학생들이 질 높은 교육을 받고자 하는 열망이 그 어느 때 보다 높아지고 있었다.

나는 일주일에 40시간(학점) 대학 강의를 담당했다. 교수가 평균적으로 맡는 책임 강의시간 수는 일주일에 12시간 정도였음에도 불구하고, 많은 강의를 할 수밖에 없었던 것은 특수한 상황에서 우연히 발생한 일이었다. 나는 소속 대학에서 원서강독 두 반 4시간을 포함해서 16시간, S대학에서 18시간, S여자대학에서 6시간 등을 강의했다. 이것을 가능하게 한 배경에는 산업에서 일자리가 빠른 속도로 늘어나고, 대학에서는 산업체에 전문인력을 공급하기 위한 대책을 강구하기에 이르렀고, 사회 분위기는 미국 유학을 마치고 돌아온 박사들이 열심히 강의할 뿐만 아니라 선진국의 좋은 강의 기법과 우수한 자질을 보여줌으로써 그들을 선호하고 있었다는 점을 지적할 수 있다.

S대의 경우는 경제학과장이 선배 교수로 잘 아는 사이여서 처음 3, 4학년 두 과목의 강의요청을 하기에 흔쾌히 수락했다. 나중에 안 사실이지만 그 대학은 야간학부가 있어서 주간반 강의를 맡으면 반드시 야간반도 담당해야 한다기에 12시간이 되었다. 그는 너무 큰 부담을 준 데 대한 보상으로 학생이 한두 명뿐인 대학원 과목도 두 과목을 맡아달라고 나에게 간청하였다. 학생들을 대학으로 보낼 테니 개

별지도형식의 강의를 부탁하였다. 그 대학에 출강하는 일주일에 이틀은 야간 강의가 끝나면 밤 10시가 되어서 저녁 식사를 할 수 없었다. 다행히 그 대학 입구에 유명한 막걸리 주점이 있어서 거기서 막걸리에 파전 한 판으로 식사를 갈음했던 기억이 난다. 밤늦게 집에 돌아오면 다음 날 강의 준비는 내 몫이었다. 얼마나 힘들었을까. 젊음과 패기가 이를 해결해 주었다.

수강하던 학생들의 학구열은 오랫동안 비가 오지 않아서 평균 이하의 강수량을 보일 때의 가뭄 drought 과 비유될 정도였다. 불볕 더위로 대지는 타들어 가고 있는 가운데 찌는 듯한 더위가 계속 이어지고 있다. 그 갈증과 목마름은 가늠하기가 어려울 정도였다. 계속되는 갈증은 쉽게 해결되지 않는다. 이처럼 타들어 가는 대지에 촉촉이 내리는 비를 사람들은 갈망하고 있었다. 학생들의 배움에 대한 갈증도 이와 비슷하게 노정되고 있어서 대학에서 그 대책이 절실했던 것이 현실이었다.

댐이나 저수지 그리고 하천에 물이 고갈되어 물 부족 피해가 예상될 때를 사회경제적 가뭄이라고 한다. 이공계 출신 졸업자나 전문대학 출신자 그리고 실업계 전문인력 공급이 증가하지 않으면 산업계에서 심각한 인력 부족 사태를 맞이하게 될 것이 분명하다. 이 구조는 사회경제적 가뭄인 수문학적 가뭄이 발생하게 되는 것과 똑같은 원리이다. 가뭄은 근본적으로 강수량이 평균보다 부족하여 생긴다. 이 현상은 산업계의 인력 수요에 대한 대학에서 분야별 인력공급이 따라가지 못해서 발생한 것이다. 강수량 부족은 대기 속에 수증기가 부족하거나 수증기를 응결시킬 힘이 부족할 때 생긴다.

 수증기는 대륙에서 부는 건조한 바람이 해양에서 부는 습한 바람보다 더 강할 때 적어진다. 수증기를 응결시키는 힘은 찬 공기와의 접촉, 산맥에 부딪히는 대기의 강제 상승, 대류에 의한 강제 상승 등 세 가지이다. 이 중에서 하나라도 부족하면 강수가 형성되지 않으며, 오랫동안 강수가 없거나 적으면 가뭄이 되는 이유이다. 특히 우리나라는 강수의 계절적 변동이 크기 때문에 비가 잘 오지 않는 계절인 3, 4, 5월에는 만성적으로 가뭄을 경험하게 되는 것처럼 오늘날 5G 시대에는 첨단산업 분야의 고급인력 공급문제가 대학의 핵심과제로 떠오른다.

 매일 8시간씩 강의하는 것이 어떻게 가능했을까. 끔찍한 일이다. 야간이나 토요일의 반나절도 활용하고 그보다 더 중요한 것은 '죽기 아니면 까무러치기'로 임했기에 가능했다. 나에게는 주당 28시간이 초과근무 시간인 오버타임이다. 이는 비유적으로 말하면 주야로 노동한다는 의미이다. 달리 말하면 촛불을 양쪽 끝에서 태우는 것과 같이 심한 노동이어서 강사수당으로 지급되는 급여는 특별수당에 해당한다. 특별수당은 특별하게 쓰는 것이 멋이 아닐까. 정육점으로 달려가 고기를 한아름 사면서 저녁 파티를 생각한다. 이는 알콜 가뭄으로 바싹 마른 위장에 맑은 소주를 비춰주는 가뭄의 단비로 느껴진다.

엄한 그룹토론

워 칼리지 War College는 나에게 신세계였다. 이곳은 정부 고위인사와 군 고위지휘관을 교육하는데, 엄격한 규율과 규범을 앞세워 토론식으로 수업하고, 최고의 예우와 형식을 갖추어 진행한다. 또 모든 행사의 영접은 눈부시게 빛나며, 그때마다 격조 높은 격려사는 청중들에게 많은 것을 느끼게 한다. 군이나 교육에서는 형식이 무엇보다 중요하기 때문이다. '형식을 빼면 쓰러진다'는 속담도 있지 않은가.

정부의 주요부처에서 서기관, 이사관, 관리관, 검사, 공사 중에서 교육대상자가 선발되고, 군에서는 육, 해, 공군의 중령, 대령, 준장, 소장 등이 대상자이다. 행정고등고시나 외무고등고시 합격 후 사무관 발령을 받아서 10-20년 이상의 경력을 쌓아야 정부의 과장, 국장의 위치에 오르게 된다. 특히 이사관은 국장으로서 정부 관료 중에는 가장 핵심 위치에 있다. 군에서 중령은 대대장에 보직되며 대령은 연대장, 준장은 사단장의 직책을 가진 고위급 지휘관들이다. 한 해의 교육대상자는 국가 전체로 80명으로 한정되어 있어서 선발 과정이 매우 경쟁적임을 느낄 수 있다.

　워 칼리지의 설립목적은 정부와 군 엘리트들에게 체계적이고 심도 있는 교육을 통해 국가안보와 방위산업을 확충하는 데에 있다. 이 학교의 안보과정이나 산업관리과정에 입교 대상자로 선발되면 주변 사람들로부터 부러움의 대상이 된다. 그만큼 국가 최고책임자가 졸업식에 참석해서 격려하고, 국무총리가 초청되어 특강을 하는 등 교육과정에 국가적 충정이 담겨있기 때문이다. 교육과정을 성공적으로 마치고 보직 발령을 받을 때는 한 계급 진급하거나 좋은 부서로 배정되는 경우가 대부분이다. 나는 직급이 올라갈수록 승진에 목매는 고위직 인사들이 딱하다는 느낌마저 들 때가 있었다.

　교육대상자들은 다음 두 가지 허들을 반드시 통과해야만 한다. 교육과정은 육상의 허들 경주처럼 별도의 장애물을 극복하며 진행하기 때문에 일반 대학원과는 큰 차이가 있다. 하나는 토론식 수업에 참여하기 위해서는 말하기와 토론기법을 숙지하는 일이다. 자신의 의견을 간결하고 명확하게 전달하는 노력이 필요하다. 또 단체토론회에서 참여도를 높이기 위해 발표기회 포착이 중요하다. 여러 사람 앞에서 자신의 주장을 펼쳐나가기 위해서는 그룹 프리젠테이션 기술 개발이 요구된다. 다른 하나는 졸업논문과 관련한 과제이다. 우수한 논문을 작성하기 위해서는 구체적이고 적시성을 지닌 주제를 선정하는 일이 먼저이고, 글쓰기 방법을 익혀서 논문작성을 완수하는 것이 다음이다. 논문 주제는 시사성이 있으면서 새로운 발상을 담고 있어야 한다. 논문작성 단계에서는 연구분석에서 본인이 무엇을 찾아냈으며, 그 의미가 무엇인지에 대하여 창의적으로 기술하도록 해야 한다.

 교육방법은 강의 중심 교육을 탈피하여 그룹토론식 교육을 추구한다. 토론은 우리 사회에서 가장 중요한 의사결정 방법이다. 토론을 통해 참여자들에게 종합적 사고력을 제고시키고, 의사소통 능력을 함양한다. 동시에 참여의식을 높이고, 지식을 융합하는 능력을 향상시킨다. 토론식 교육에 추가하여 정기적으로 외부인사 초청특강이 진행된다. 국무총리, 경제부총리, 각 부처 장관 등이 특강을 한 후에는 강사료를 받지 않고 강사료의 20배에서 100배에 해당하는 금액을 격려금으로 희사하는 경우가 많았다. 놀라웠다. 이 희사금은 2주에 한 번씩 그룹토론 수업이 끝나면 정규적으로 회식을 하는데 그때 경비로 활용됐다. 나는 조교수 직위에서 그룹토론회 수업을 지도한 것뿐인데도 분에 넘치는 대우를 받는 것을 느꼈다. 특히 토론 수업이 끝나고 회식 장소에 가면 자리 배치부터 지도교수라는 지위 때문에 상석에 앉아서 각별한 환대를 받게 돼서 송구스럽게 느낄 때가 많았다.

 졸업논문을 제출하고 심사를 통과해야 졸업이 가능하다. 주제선정에서부터 논문작성까지 교수의 지도를 엄격히 받는다. 논문의 우수성은 졸업 후에도 크게 영향을 미치기 때문에 교육생들은 피 말리는 노력을 한다. 논문을 잘 쓰기 위해 애쓰는 모습은 가히 존경스러울 만큼 진지하다. 성공하는 사람은 '떡잎부터' 다르다는 말이 있다. 논문작성 과정에서 특별히 기억에 남는 한 분은 경제기획원 이사관이었다. 그는 시간이 날 때마다 지도교수인 나에게 찾아와서 주제선정과 연구 방향을 깊이 있게 논의하고 끈질기게 질의하면서 추진한 결과 훌륭한 논문을 제출했다. 그는 졸업 후 바로 차관보로 승진하더니 몇 년 후에는 차관, 장관으로 승진하는 것을 목격하고 감격했던 적이 있다.

또 한 가지 특별히 기억나는 점 중의 하나는 대학원의 등하교 시간이다. 오전 8시에 등교해서 칼같이 오후 5시에 하교하는 체제는 그 시간이 일정하지 않은 대학과는 근본적으로 다르다. 일반적으로 대학은 이른 아침 시간에도 정문을 나서 귀가하는 학생이 있는가 하면 오후 늦게도 학교에 들어오는 학생이 있다. 또 한쪽에는 강의실에서 열심히 강의에 집중하는 학생이 있는가 하면 다른 쪽에는 마음을 풀어놓고 많은 학생 간에 대화가 오간다. 이처럼 대학의 분위기는 무질서해 보일 정도로 자유스러운 상황이다. 이런 가운데서 창의성이 생겨나기 때문이다. 나는 고위공직자들이 정책결정자의 관심 분야에 대해서는 역점을 두고 지식을 넓히거나 자료를 확보하는 등 그들 간 경쟁이 치열함을 느꼈다. 엄격하게 진행되는 교육과정에서 창의력을 기대하기는 어렵지 않겠는가.

정부 고위인사와 군 고위지휘관을 교육하는 이곳 국방대학원은 공직자 교육에 큰 영향을 미쳤다고 본다. 국가 안위에 대한 투철한 정신무장을 확립하는 데 기여하였고, 그들에게 국가운영의 필수 소임을 깨닫게 하는 기회를 부여했다. 교육과정은 1년 동안 지속된 전시

체제의 비상교육과 같이 운영되었다. 그룹토론회에 대한 평가와 논문의 우수성은 졸업 후 그들의 진급에도 영향을 미쳤다. 교육대상자 모두에게 철저한 안보관을 무장시켜준 것은 신세계 스타일의 엄한 그룹토론 교육의 덕택이 아닐까.

허망한 꿈

　1978년에 우리나라는 혹독한 부동산 투기 붐을 맞이했다. 고도성장과 높은 물가상승률이 주택가격과 토지가격을 밀어 올렸다. 그다음부터는 아파트 가격을 천정부지로 끌어 올리는 계기가 되었다. 높은 인플레이션이 지속됨에 따라 정책당국은 경제안정을 위한 금융정책수단을 강구하기에 바빴다. 한편 사회 분위기는 인플레이션에 따른 박탈감을 줄이기 위한 대응책 마련이 화두가 되었다. 강남을 중심으로 기획부동산이 등장하면서 지방의 부동산도 도시에서 거래되기 시작하였다. 나도 이러다가는 집이나 땅마저도 살 수 없게 되지 않을까 겁이 슬슬 나기 시작했다.

　86년 어느 날 강남에 거주하는 동료 교수가 기획부동산으로부터 소개받은 임야 한 필지를 소개한다. 교수들이 자연스럽게 모여들기 시작한다. K대 교수 8명이 함께 일을 저지르기로 했다. 그중에는 나도 함께했다. 대략 개인별로 250만 원씩 투자하는 계획이었다. 당시 교수 월급이 300여만 원인 것에 비춰보면 결코 적은 금액이 아니었다. 투자대상 임야는 전남 진도군 군청으로부터 2km 떨어진 곳으로 완만한 남향의 경사지였다. 면적은 약 3,000평으로 가격은 1,860만 원이었다. 현장에 가서 임장 확인하는 절차도 생략한 채로 부동산과 소개받은 교수의 말만 믿고 매매계약서를 작성했다.

고도성장이 지속되는 가운데 우리는 88년 서울올림픽을 맞이하였다. 90년대에 들어오면서 경기과열로 인한 실물투기 조짐이 확산되었다. 그 이유로 나는 86년부터 88년까지 무려 12.3%에 이르는 높은 경제성장률이 있었으며, 올림픽으로 사람들의 심리가 크게 고양되어 있었던 점도 빼놓을 수 없다고 생각한다. 경제계에서는 상장주식회사들이 늘어나면서 주식청약기회가 확대되고 국민의 주식투자 분위기가 이어졌다. 사회적으로는 여유를 가진 계층을 중심으로 투자클럽을 만들어 규모가 큰 부동산 투자가 성행하기도 했다. 나는 그 당시 아파트 청약분위기가 하나의 사회적 큰 현상이었다고 생각한다. 사람들이 청약에 쏟는 정성이 지극했다. 아파트분양을 받으면 시세의 프리미엄이 마치 로또청약에 당첨된 만큼 크게 느끼고 있었다.

공동투자를 시작한 지 30년이 경과 할 무렵이었다. 교수들의 정년퇴임 시기가 다가오면서 투자했던 임야를 처분하는 문제가 화두로 오르기 시작했다. 그때까지 누구도 진도 임야의 시세나 가치 상승에 대하여 관심을 표시하지 않았다. 시세확인이나 재산 가치를 알 수 없는 상황에서 처분하기는 어려운 문제이다. 어느 교수는 학교재단에 진도 임야를 공동명의로 기증하자는 의견을 제시했다. 나는 임야의 가치가 크지 않다면 재단에 기증하고도 고마운 소리를 듣지 못할 것이라고 했다. 교수 8명이 투자해서 이런 결과를 가져왔느냐는 비난을 면치 못할 것이라고 덧붙였다.

궁금한 것은 임야의 가치를 확인하기 위해서 산지 시세를 파악하는 일이다. 진도는 서울에서 거리가 멀기 때문에 직접 사람이 가서 확인하기가 쉽지 않다. 함께 방문해서 현장의 부동산중개소에 들러 임야의 평당시세를 확인을 해보는 것이 바람직하다는 데는 모두 동의했다. 방문계획은 단체 여행을 겸하여 하루는 남원에서 골프운동을 하고 숙박을 한 후 다음 날 진도 임야 현장을 방문하도록 했다. 부동산 시세를 파악하기 위해서는 개인이 현지에서 매입 시세를 문의해보는 것이 우선이다. 그래야만 현지 부동산의 거래 동향이나 매물 상황 등 산지 시세를 제대로 파악할 수 있기 때문이다. 그런데 우리는 단체로 고급승용차를 타고 몰려가서 특정 필지의 시세를 문의했으니 현장 부동산중개 업소에서는 당황할 수밖에 없었다. 최근에 거래실적이 없으니 '가격을 알 수 없다'는 말 이외에는 들을 수 없었다. 수박 겉핥기식이다.

현재 임야 시세를 알 수 없으니 공시지가를 기준으로 처분할 수밖에 없는 딱한 처지로 바뀌었다. 30년 전에 고가로 취득한 부동산을 공시가격으로 처분해야 하는 상황이었다. 외부에 기증할 곳이 마땅히 없으니 내부적으로 거래해야만 했다. 공동으로 매입한 사람 중에서 매입할 것을 제안하였으나 아무도 희망하지 않았다. 모임에서 앞은 차례대로 의사 타진을 했으나 끝자리에 앉은 나에게까지 순서가 돌아왔다. 내가 경상도 출신인데 전남 진도까지 올 가능성이 낮다고 웃으며 얘기했다. 모든 사람이 내가 매입해주기를 간절히 바랐다. 나는 거절하지 못하고 인수했다.

이 에피소드 같은 이야기는 내가 집에 와서 아내에게 웃으면서 전했다. 30년 전에 같은 대학교수 8명이 돈을 모아 진도 임야를 샀다. 지금 와서 보니 그 임야의 시세를 아무도 모른다고 하니 현재 공시가격에 팔 수밖에 없는 실정이다. 오랜 논의 끝에도 내부에서는 살 사람이 없었다. 고심을 거듭한 끝에 내가 샀다고 털어놓았다. 처음에는 웃으면서 듣고 있었다. 내가 680만 원에 샀다고 하니 깜짝 놀라면서 그 땅을 왜 샀느냐고 바가지 긁기 시작했다. 계속 비난을 듣고 있기에는 민망하였다. 긴급대응이 필요했다. 우리는 자식도 다 키웠고 하니 나중에 기회가 되면 적절한 곳에 기증하면 되지 않겠느냐고 둘러댔다. 남에게 '기부한다'는 말에 그녀의 표정이 밝아지고 좋은 마음으로 바뀌는 것을 보면서 '말 한마디가 천 냥 빚을 갚는다'는 느낌이 퍼뜩 떠올라서 나도 웃게 되었다. 내가 인수할 수밖에 없었던 그 임야 3,000평은 올해 모교인 강릉 C고 장학회에 기증했다.

처음 소개했던 교수가 임야의 도면을 보여주면서 공동으로 투자할 것을 권유할 때는 모두 확신하는 듯했다. 우리는 경제발전에 따라 높은 기대수익률을 상상하면서 흡족하게 생각했다. 30년이 지난 후에는 원금에 훨씬 못 미치는 공시지가에도 내부에서는 인수할 사람이 없다. 이 일은 '허망한 꿈'이 되고 말았다. 시세는 수요와 공급의 불일치 때문에 알 수 없을지 몰라도, 가치는 보존된다는 것을 확신한다. 언젠가는 수요와 공급이 일치하여 진정한 가치를 알려주리라.

한글로 영어 말하다

　나는 어학의 성공은 글 읽고 쓰기가 아닌 듣고 말하기라고 생각한다. 말은 자신의 생각과 감정을 표현하는 수단이자, 인격을 담아 마음을 전하기 때문이다. 한국 사람들은 영어공부를 그토록 어렵게, 오랫동안 해도 영어 말하기는 마스터하지 못하는 것으로 여겨져 왔다. 최근에 국내에서도 집중적으로 훈련하면 원어민처럼 영어를 듣고 말할 수 있다는 믿음이 확산되는 것을 느낄 수 있다. '문제는 미국 사람들이 말하는 것과 한국 사람들이 영어로 말할 때 발성이 다르다는 것'이 핵심이다.
　우리는 발음으로 말하고 미국 사람들은 발성으로 말하는 것을 알수 있다. 그들은 모든 단어마다 악센트를 주어서 말하므로, 말할 때 가슴 밑에서부터 호흡이 올라오면서 발성한다. 우리는 입으로 그냥 소리 내어 말한다. 미국 사람들은 우리의 영어를 잘 알아듣지 못할 때 얼굴을 찌푸리기도 한다. 예를 들면 Oh, don't worry! 는 우리는 '오, 돈 워리!' 라고 하지만 그들은 '오우, 도운 워-리!'라고 단어마다 악센트를 주어서 발음하는 것이 큰 차이점이라는 것을 깨달을 수 있다.

　아이들은 세 살 때부터 말을 수없이 소리로 들으면서 따라서 흉내 낸다. 그러다가 일곱 살이 되면 비로소 말을 다 하게 된다. 그때까지 글은 전혀 모를지도 모른다. 소리를 들어서 말을 익힌 후에 글을 배우기 시작하기 때문이다. 우리나라 사람들은 이 명확한 사실을 간과해온 셈이다. 우리가 발성연습을 통해 원어민이 말하는 것을 듣고 발성하는 것을 익히면 아이들이 자라면서 듣고 말하는 반복과정을 모두 마치는 결과를 가져온다고 믿는다. 국내에 학원이 생겨서 1년 동안 매일 오전 9시부터 오후 6시까지 집중훈련을 시키고 있다고 한다. '구체적으로 영어훈련 방법은 미국 드라마의 녹음내용을 자막 없이 완전히 듣고 원어민의 발성을 따라 할 수 있을 때까지 계속 반복한다'는 것이다. 나는 이 같은 훈련방법이 영어를 듣고 말하기에 성공하는 하나의 방법이라는 데 전적으로 동의한다.

　나는 듣고, 말하고, 읽고, 쓰기의 순서로 영어공부를 해야 한다고 생각한다. 소리로 듣고 말하기를 익힌 후에 글로 공부해야 한다는 지극히 간단한 원리를 우리는 망각하고 지내 온 것이다. 우리는 중학교 시절부터 단어와 문법, 그리고 독해력 중심으로 영어공부를 시작해 오지 않았는가. 소리가 아닌 글에 집중했으므로 영어를 완성할 수 없다는 이야기가 성립되는 것은 당연하다고 하겠다. 이 점은 우리가 매우 심각하게 받아들여야 할 부분이라고 지적하고 싶다. 바로 이런 이유 때문에 미국에서 유학하고 박사학위를 받은 교수들마저도 영어를 유창하게 말하는 데는 자유스럽지 못하다고 생각한다. 나도 동의한다. 또한 미국에 이민 간 지 30년이 지난 교포들도 영어가 항상 부담스럽다고 호소하는 것을 들으면 수긍할 수밖에 없지 않은가.

말은 소리로 한다. 입으로 단어를 발성해서다. 우리 말로 영어를 할 수 있으면 얼마나 좋을까. 한글로 영어를 표현하는 데는 장점이 있다고 생각한다. 한글의 자음과 모음을 결합하여 '한글로 표시한 단어의 발음은 누가 들어도 항상 일정하다.' 또 '한글은 소리로 가장 많은 단어를 표현할 수 있다'고 한다. 이 점이 영어나 다른 어떤 언어와도 다른 점이다. AI 시대에 있어서 한글은 가장 빠르게 또 정확한 발음으로 입력할 수도 생성할 수도 있기 때문이다. 이미 AI 기술을 통해 한글이 자연어 처리능력이 98%의 정확도를 보임으로써 세계에서 가장 앞서 있다. 일상생활에서 대화하는 데는 중학교에서 배우는 영단어 2,000개를 알고 있으면 충분하다고 생각한다. Voice of America는 1,500단어를 사용해서 방송을 진행하고 있지 않은가.

미국 사람들의 발성원칙에 맞도록 한글로 발음을 표시해둔 단어와 문장을 그들의 발음과 악센트를 살려 발성하는 것이 '한글로 영어 말하기'의 핵심이다.

hero 히'로우 nobody 노우바-디 code 코우드 go 고우 no 노우 so 쏘우 short 쇼어트 coupon 쿠'-판 county 카'우니 pagoda 퍼고'우더 honor 아'너 material 머티'-어리얼 cafeteria 캐'퍼티'어리어 oasis 오우에'이씨스 backteria 백티'-어리어 camouflage 캠'어플라

-지 good 그웃 milk 미역 film 퓌엄 sports 스뽀'얼츠 hospital 하'스 삐럴 sausage 싸'-시지 casino 커씨'-노우 opera 아'-퍼러 moniter 마'-너더 debut 데'이뷰'- soup or salad 쑤뻴 샐럳 check in counter 책언 카'우너 want to 와나 going to 고'나 got to 가라.

 미국인 샵에서 나는 소세지나 밀크를 사려고 말하면 알아듣지 못하고 웟! 웟! 하다가 유민-, 싸'-시지 미역 하면서 해결한 경험이 있다. 또 대화 중에 마라톤을 언급하면 알아듣지 못하다가 오우, 매'러싼' 하고 반응한 적이 있다. 한글로 원어민 영어를 완성하는 지름길은 그들의 발음과 악센트를 정확히 듣는 데 있다. 듣기 아닌 글에 먼저 집중한 결과가 우리에게 영어 말하기를 어렵게 만들었던 이유가 아닌가. 중학교를 졸업한 사람이면 누구나 영어로 말할 수 있다. 영어 실력과는 관계가 없다고 생각한다. 나는 영어 말하기가 원어민과 같이 발성하는 기술에 속하므로 1,000번 정도 반복하면 정복할 수 있다고 확신한다. 그들의 빠른 대화 속에는 축약, 연음, 탈락, 동화 등의 발음 현상이 나타나기 때문에 따라하기 어려울 때도 많다. 나는 꾸준한 연습을 통해 원어민의 발성 소리를 귀와 입에 익히게 되면 입에서 우리말 하듯이 영어가 튀어나오게 된다는 믿음을 가지고 있다.

 영어를 사용하는 나라마다 발음이 다르고, 실제로 사용하는 단어의 약 1/3은 사전의 발음표기와 다르게 발음하고 있다. 한글로 발음 표기를 한다면 누구나 일정하게 발음한다는 장점이 있다. 언젠가는 '한글로 영어 말하기'가 글로벌하게 받아들여지면 얼마나 흐뭇할까.

지구촌의 모든 사람이 같은 영어발음을 하는 것을 상상하면서 기대해보는 것은 어떨까. 한국어로 영문장 만들기에 익숙해지면, 강세와 멜로디를 살려 한글로 영어 말하기가 편해진다. 품위 있는 말은 만들어 사용하는 것이 아니기에, 이들 표현 또한 잘 익혀서 수준 높게 사용하는 것이 좋을 듯하다.

초청 강연

오늘날 대학가의 대단위 강연회는 별로 관심이 없는 영역이 되고 있다. 학생들의 여론에 실망한 나머지 교수들은 아예 언급조차 하지 않는다. 한편 적극적으로 관심을 표명하는 학생들도 있다. 이 강연회의 취지는 미래를 위해 현재 국정을 운영하는 분들의 철학과 윤리관 등을 파악해 보자는 데 있다. '뜻이 있는 곳에 길이 있다'라는 말처럼 강연회를 희망하기도 한다. 학생들과 뜻을 같이해서 학생동원 문제만 해결할 수 있다면 학생들에게 미래의 삶을 위한 동기부여를 하는 것은 매우 가치 있는 일이 아닐까.

K대에서 실시하는 초청 강연회가 돋보일 때가 많다. 대규모의 학생들과 교수들이 경청하는 강연회로써 인촌기념관 대강당에서 진행한다. 정부의 최고위직 인사들로서는 K대에 초청되어 1,000명 앞에서 강연하는 것이 그들의 꿈이다. 김대중 대통령은 대통령에 취임한 후에도 본인이 희망하여 이 학교에서 초청 특강을 하였다. 김영삼 대통령도 집권을 끝내고 내가 주선해서 1,000명 학생 앞에서 초청 특강

을 하려는 순간에 대통령 주치의가 외부 활동을 자제해야 한다는 경고를 함으로써 그 뜻을 이루지 못했다. 김영삼 대통령은 돌아가시기 전까지 초청 특강을 아쉬워했다고 한다.

 정치권에서는 K대의 초청 특강을 매우 의미 있게 받아들이지만, 실제로 대규모 수강 학생들을 모으는 것은 현실적으로 불가능하다. 교수들이 강연회를 엄두도 못 내고 있음은 지금도 마찬가지다. 내가 대학원장 시절에 대통령비서실장 초청 강연회를 개최한 적이 있다. 역시 가장 어려운 일은 대학생 1,000명을 모으는 문제였다. 과거 10년 동안 노동대학원 최고위 과정을 졸업한 분들 250명을 특별간담회 회합을 한 다음 강당에 참석시키고, 학부 대학생들 750명은 초청장에 저녁 식권을 첨부하여 강당에 합류하도록 했다. 이 행사를 위해 460만 원의 비용이 들었으나 그 후에는 다른 방법으로 해결하고 있다.

 나는 교양과목 시간에 학생들에게 아이디어를 제공한다. 여러분들이 대학을 졸업하고 30년 정도 지나면 노력하기에 따라 대한민국에서 사회적으로 최상층의 지위에 올라가게 된다. 국회의원을 원하면 그렇게 될 수가 있고 또 정부에 들어가서 30년 정도 노력하면 장관도 될 수 있다. 외국 유학을 가서 노력하면 6-8년 내에 박사학위를 받아서 교수가 될 수도 있다. 이렇게 설명하고 나면 많은 학생이 수긍하고 자신의 장래계획에 대해서 관심을 가지게 된다. 어느 쪽으로 목표를 정하여 노력하느냐에 따라 거의 모든 것이 가능한 나라가 대한민국이다. 참 좋은 나라다.

　학생들에게 초청 강연의 필요성을 인식시키는 것이 먼저다. 강연회 개최를 희망하게 되면 학생들은 국가를 운영하는 최고지도자들의 국정철학을 이해하는 것이 매우 중요하다. 이러한 강연 기회를 통해 장래에 정관계 진출에 따른 능력을 배양하는 것이 그들의 뜻이기 때문이다. 학생들은 이제 최고지도자를 초청해서 대단위 특강을 갖는 것에 모두 동의하게 된다. 초청 연사 선정은 국가운영의 최고지도자 중에서 결정하고, 강연 주제는 학생들과 토론을 통해서 일차로 결정하고, 추후 담당교수가 섭외 목적으로 방문하는 경우에 연사와 협의하여 주제를 확정하도록 한다. 이 과정에서 초청 연사와 한 차례 만나서 대화를 나눌 수 있는 기회를 갖게 된다.

　수강자 1,000명을 모집하기 위해서 학생들은 수강생 확보 노력에 대한 보상을 주장하기도 한다. 참석하는 동반 학생 수에 따른 인센티브로 동반 학생 1명 시에는 최종 학기말 성적에 2점을 가산하고, 2명은 3점, 그리고 3명일 때는 5점을 가산하기로 합의한다. 학기말고사에 출석 점수가 10% 허용되기 때문에 학기말 최종 성적에서 5점을 가산하면 B+를 받은 학생이 A+로 성적이 상향 조정된다. 대부분의 학생들은 세 명을 데려오려고 노력하는 것을 느낄 수 있다. 학생들은 자신의 이익과 관련된 일에는 적극성을 보이면서 참석하는 경향이 뚜렷하기 때문이다. 강연회가 끝나면 학생들은 초청장 이면에 동반자의 휴대전화 번호를 기재하고, 여백을 이용해서 강연 내용을 한 줄

강평(예, 법학과 4학년 홍길동)을 실명으로 작성하여 제출케 한다. 제출된 휴대전화번호 중에서 10% 샘플을 택하여 조교가 전화로 출석을 확인한다.

특강이 열리는 날 학교에 강연자가 도착하면 총장이 영접하고, 기획사에 의뢰하여 앨범 제작을 시도한다. 강연회 시작에 앞서 사회자인 나는 학생들을 한껏 고무시키고 연사를 소개한다. 강연이 끝나면 강당 현관에서 100여 명의 학생들과 기념촬영을 한다. 강연 행사가 모두 끝나면 호텔 만찬이 예정되어 있다. 참석자는 초청 연사, 총장, 담당 교수 등 3명이다. 호텔만찬장의 분위기는 크게 만족감을 표시하는 연사를 중심으로 즐거운 시간이 이어졌다. 총장이 강연에 대해 감사를 표하자 연사는 크게 웃으며 호응했다. 학생들의 좋은 반응과 기념촬영 등을 들면서 역시 K대학이라고 칭찬했다. 최고위직에 있는 분이 강연을 끝내고 기분이 좋아져서 술을 많이 마시는 것을 보고 나는 대성공이라고 직감했다. 대화 중에 교육 부총리에게 전화하지요 라고도 했다. 총장으로서는 매우 친숙한 기회가 됐던 것 같았다.

대학생들의 공감대가 형성되면서 초청 강연은 아름다운 연출로 바뀌게 되고, 많은 교훈을 남겼다. 미래 세대는 오늘 경청한 국정철학의 기조가 밑거름이 되어 새로운 모멘텀이 만들어지면 힘차게 발전을 이룩해 나갈 것이 확실해 보인다. 오늘 실명으로 남긴 학생들의 한 줄 강평이 강연자에게 오래도록 기억에 남을 글귀가 되기를 기원해 본다. '뜻이 있는 곳에 길이 있다'는 말씀을 얼마만큼 유념하고 살아왔던가. 오랜만에 K대 원장시절을 떠올리니 실꾸리에서 실이 풀리듯 갖가지 추억과 상념들이 꼬리에 꼬리를 물고 있다. 뿌듯한 감회로 가슴이 벅찼던 순간이 지워지지 않는다.

신의 영역

시험을 보면 누구나 예민해진다. 노력한 만큼의 좋은 성적을 받을 수 있을까 하는 의문이 오랫동안 머릿속에 머문다. 성적 통보를 받고 안절부절못하는 한 학생이 있다. 나도 재학시절에 성적통보를 받고 반가워 날뛴 적이 있다. 그런데 한 과목이 B여서 애석한 마음이 지워지지 않았다. 이 외로 낮게 나온 성적을 보는 순간 학생들이라면 교수에게 정정신청을 하고 싶은 마음이 생긴다. 내가 강의한 과목에도 상당수의 학생이 성적 이의신청을 했다.

성적 정정 기간은 학교에 전산으로 입력한 성적에서 오류가 발생한 경우에 교수들에게 학생들의 성적을 정정할 수 있도록 허용하는 제도이다. 학사일정에 학기별로 이 기간이 설정되어 있다. 그런데 이 제도가 학생들에게 잘못 알려져 어떤 과목의 성적이 기대 이하로 낮게 나오면 학생들은 이 기간에 이의신청한다. 학생들은 당연하다고 생각한다. 이것은 학생들의 오해에서 비롯된 것이다. 또 그들은 답안지 재채점을 하면 성적이 높아질 것이라고 기대하지만, 실제는 그렇지 않은 경우가 대부분이다. 나는 어려운 재채점을 기꺼이 수용한다. 오픈 마인드로 재채점을 하면서 성적을 '깎지는 않는다.' 그러면서 성적의 상향조정 가능성이 조금이라도 보이면 긍정적으로 처리한다.

  나는 신청한 학생들을 면담하면서 시험 답안지를 찾은 다음 일일이 재채점을 한다. 이의신청을 한 학생들의 성적은 B+, B, C 등의 등급경계에 분포되어 있는 경우가 많다. 만약 한 학생이 가산점으로 2점을 더 받아서 A+로 상향 조정될 수 있다면 이 사실을 학생에게 알려주고 이에 해당하는 정답이 있는지를 함께 찾아본다. 그리고 답안지를 두 번 더 읽어 보아도 정답을 발견하지 못하는 경우는 그냥 돌려보낸다. 성적등급 분포상의 경계에 있는 극소수를 제외하고는 재채점으로 가산점수를 받더라도 등급이 변경되기는 극히 어렵다. 비유적으로 표현하면 재채점을 거쳐서 다시 확인했다는 점이 그 효과이다. 이처럼 학생에게는 기회를 제공하고 정답을 찾는 경우는 마땅히 정정해준다.

  정정신청에 대하여 교수는 확실한 대응책을 마련할 필요가 있다는 교훈을 얻게 된다. '성적을 깎지는 않는다'는 점 또한 많은 문제점을 유발할 수 있다. 재채점을 해도 손해 볼 것이 없음은 학생들의 이의신청 유인이 된다. 정정신청과 관련하여 학생들의 입장은 세 갈래이다. 하나는 재채점을 통해 성적 상향조정이 가능할 수 있다는 기대감이 신청의 요인이고, 다른 하나는 재채점을 통해 본인의 성적을 자세히 알 수 있어서 단순히 확인 차원에서 신청 요인이고, 마지막 하나는 재채점을 하더라도 '성적을 깎지는 않는다'는 안전장치가 있어서 신청한다. 가끔 생떼를 쓰고 우기는 학생이 있다. 그런가 하면 애교 섞인 목소리로 정정기회를 얻으려고 한다. 또 때로는 눈물까지 보이면서 진정성을 내세우는 학생도 있다. 나는 단호하고 공정하게 처리한다. 조교와 학생들이 지켜보고 있기 때문이다.

미국에서 학생들은 파이널 시험이 있는 날은 항상 긴장한다. 답안지인 블루 북을 사서 교실에 입실하면 교수가 문제지를 나누어 준다. 시험문제는 주제에 대하여 논하라가 아니라, 여러 전제조건을 첨부한 주제에 대한 정확한 답을 도출하도록 설계되어 있기에 문제를 정의하고 새로운 가정조건을 설정한 후 도출 과정과 결론을 유추해야 한다. 그러기 때문에 답안지의 삼 분의 일은 문제 정의에 할애하는 편이다. 정답을 도출하기 위한 접근방법과 그 과정을 상세하게 기술해야 한다. 교수는 학생이 얼마나 문제를 정확히 파악하고 어떤 전제를 세우고 접근 과정을 거쳐 정답을 도출하는지에 대하여 주관적으로 평가한다. 채점 기준은 공정하고, 철저하며, 엄격하지만 아쉬운 점이 남는다. 세계체조경기에서 열 명의 심판원들이 평가하면 양쪽 극단 점수를 뺀 후에 평균 점수로 평가하는 객관성이 아쉽다.

성적 이의신청을 위해서 동료 다섯 명이 교수연구실로 찾아갔다. A를 받은 학생은 B+로, B+를 받은 나는 B로, 그리고 나머지 세 명은 모두 B였는데 B-로 재평가를 받았다. 교수는 답안지를 재채점하는 형식은 취했지만, 결과는 모두 감점 처리였다. 미국에서는 오래전부터 학생들이 성적 이의 제기를 하면 교수는 학생들이 보는 앞에서 점수를 깎는다. 심하게 표현하면 성적 이의 제기를 하면 답안지를 자세히 보면서 '아엠 쏘우리' 하면서 점수를 오히려 깎아버린다. 이런 관행 때문에 서구에서는 교수가 채점한 성적에 대해서는 이의 제기하지 않는다. 국제운동경기에서 '심판의 판정이 고유권한'으로 인정되는 것처럼. 오늘날 국제축구경기에서 심판의 오심을 대비해서 비디오 판정으로 최종 판단을 하는 것에 비유해서, 성적 이의 제기 때도 깎지만 말고 공정한 재채점이 필요하다는 교훈을 얻게 된다.

채점한 시험 답안지를 학생들에게 공개하면서 재채점 과정을 공정하게 처리한다는 점에서 학생들은 감동을 받는다. 재채점을 통해 성적 상향조정을 받을 때는 그들은 장래에 도움이 되기 때문에 희열을 느끼게 된다. 나는 채점이 끝나면 등급별로 여유를 남겨 두도록 배려한다. 성적을 입력할 때 상위 자리를 비워 두어야 상향조정이 가능하다. 얼마의 자리를 남겨 두어야 할까. 지혜의 신 아테나의 도움도 제갈공명의 훈수도 받을 수 없는 내가 어찌 알겠는가. 이는 신의 영역에 가까울 만큼 알기는 어려운 일이 아닌가.

제3부

경쟁 없는 삶

기적 같은 일

처음이 어렵다. 미국 유학도 마찬가지다. 시작해서 계속 진행하면 끝이 보인다. 학업 성취도가 일정 수준을 넘어서야 비전이 보이고 목표를 달성할 수 있는 계기가 마련된다. 외국인 대학원생은 영어 어학원 일 년 과정을 마치고, 지정된 학부의 전공과목 12학점을 모두 취득해야 대학원 전공과목을 이수할 수 있다. 외국인 학생들에게 기초를 확립한 후에 전공을 섭렵하도록 제도화한 것이다. 학문적으로 탁월함을 엿볼 수 있는 대학원 제도이다. 넘기 어려운 과제처럼 보이지만 이 학부 이수 과정은 필수적이다. 이제서야 대학원의 전공 분야별로 심화 과정에 진입함을 알게 된다.

아이오와 드모인 공항에 밤 아홉 시에 도착했다. 공항 사무실 직원에게 더듬거리는 말로 의뢰해서 학교로 연락했더니 외국인 지도교수가 직접 공항으로 마중 나와 학교로 동행했다. 그날이 가을학기 시작하기 16일 전이었다. 학교 메모리얼 홀에서 숙박한 다음 날 외국인 지도교수 사무실에 가서 대학원 기숙사의 호실을 배정받았다. 그곳은 부케난 홀로서 매우 쾌적했으며 그 후 6개월 동안 체류했다. 다음 날은 학과사무실에 들러 대학원생 연구실도 배정받고 여러 학생과 인사도 나누었다. 강의를 듣는 교실을 비롯한 학교본부 사무실, 각 빌딩의 사무실, 도서관, 서점, 카페테리아, 어학연수관 등을 익히기 위해 돌아다녔다. 선진국의 교육 인프라에 감탄하면서 개학준비 시간을 보냈다.

우연히 만난 한국인은 미국 온 지 6년이 되었으며, 나에게 방학 중 기숙사에서 간편하게 취식하는 방법을 알려주고, 슈퍼마켓으로 데리고 가서 간단한 취사도구, 달걀, 누들 등을 구입하도록 했다. 그는 650불이 저축된 통장을 보여 주면서 미국에서 돈의 소중함을 설명해 주었다. $100을 갖고 간 나는 끼니를 건너지 말아야 한다는 어머니의 옛 기억 때문에 매일 카페테리아를 이용했다. 그 당시 우리나라는 유학시험을 통해 해외 유학은 허가했지만 외화 소지 한도가 $100였다. 학비를 송금하는 제도는 아예 없었다. 그가 주머니에 얼마나 남았느냐고 묻길래 $45라고 했더니 깜짝 놀라면서 앞으로의 대책을 세워 주었다. 그의 지적대로 카페테리아에 가서 파트타임 '잡'을 얻었다. 하루 점심과 저녁 시간에 각각 두 시간씩의 디쉬워싱이었다. 그의 도움이 없었다면 나는 대학원공부 시작부터 크게 꼬일 수 있었다는 생각이 떠오른다.

가을학기가 시작됐다. 내가 간 아이오아주립대학은 3개월의 쿼터 학기제였다. 나는 학기마다 네 과목을 등록하고 수강했다. 대학원생

생활은 하루도 빠짐없이 오전 여덟 시에 등교해서 모든 수업이 끝나면 연구실에서 공부하다가 밤 두 시에 귀가했다. 치열한 경쟁에서 핸디캡을 가진 내가 살아남는 길은 투지와 열정으로 오랜 시간을 공부에 투입하는 방법밖에 없었다. 미국 학생들은 밤 아홉 시가 되면 연구실에서 집에 가지만, 나는 책상에 다섯 시간 더 앉아있었다. 과목별로 교수요목에 지정된 논문들을 읽고 또 읽는데, 그리고 과제물을 작성하는 데에 많은 시간이 소요됐다. 학교생활에서 가장 어려웠던 것은 강의시간에 알아들을 수 없어서 강의 내용을 제대로 파악할 수 없었던 점이었다. 마침 대학시절에 아침 일찍 도서관에 가서 참고 열람실에 자리를 잡아두고 하루 종일 지정석처럼 이용하면서 오랫동안 공부해왔던 습관이 대학원 생활에도 인내로 버티는 데 큰 힘이 되었다.

두 학기를 마치고 나서 나는 학과장으로부터 대학원 연구조교로 선발한다는 통보를 받았다. 오랜 갈망 속에서 얻어 낸 결과물을 맞이하는 것처럼 나에게는 이 통지가 큰 기쁨으로 다가왔다. 평균성적(GPA)이 'B' 이상이 되어서 안정적으로 학위 이수가 가능함을 말해주었다. 일반적으로 석사과정에서는 조교선발이 없는 점에 비추어보면 특이하고, 또 학부의 이수 과목이 겹쳐서 좋은 성적을 내기 어려운 상황에서 선발되었다는 것은 큰 영광이 아닐 수 없었다. 조교의 지위는 나에게는 또 다른 의미가 있었다. 조교 월 급여 $225와 등록금 면제 혜택뿐 아니라 한국에 있는 가족을 초청할 수 있는 계기를 마련할 수 있으리라는 예상이었다.

　나는 외국인 지도교수 사무실에서 연간 $2700의 급여를 받는 대학원 조교 증명서를 발급받아서 한국에 보냈다. 이 증명서가 미국 대학교에서 발행한 재정보증서가 되어 내 가족을 미국으로 초청할 수 있게 했다. 나는 부케난 홀에서 결혼자 주택인 패멀코트로 이사하여 가정을 꾸리면서 학업을 계속했다. 패멀코트는 세계 2차대전 후 학교로 갑자기 몰려드는 제대군인 학생들을 맞이하기 위해 건립한 콘센트 주택으로 대학원 학생 부부들이 즐겨 거주하는 주택이었다. 주택 임대료가 월 $40로 저렴하여 인기가 있었다. 아내가 도착하던 날 나는 친구가 운전하는 차를 이용해서 40분 거리의 공항에 가서 반갑게 맞이했다. 나는 그 다음 날 통계학 시험이 있어서 밤샘했다. 시험이 있을 때는 만사를 제쳐두고 그 준비에만 몰두하던 때였다. 아내는 기다림도 멀리하고 첫날밤도 없이 옷 가방을 정리하면서 쓸쓸한 밤을 보냈다. 그녀도 대학원에 등록하고 같이 학교에 다녔다.

　이렇게 빠른 기간에 가족을 미국으로 초청할 수 있으리라고는 생각도 못했다. 기적이라고 할 수밖에 없다. 학교에서 전혀 강의도 알아듣지 못하던 후진국 대학원생을 어떻게 대학원 조교로 발탁할 수 있었는지, 그리고 어떻게 절실했던 학비도 면제해주고 생활비도 매달 지급해 줄 수 있었는지, 지금 생각해도 알 길이 없다. 꿈꾸는 자에게 기적이 일어난다는 것을 새삼 느꼈다. '시작이 반이다'라는 우리나라 속담처럼 공부를 처음 잘 시작하니 대학원 학위과정이 순조롭게 진행되고, 결혼 후 시집과 친정을 오가며 아홉 달 동안 떨어져 있었던 아내를 초청해서 가정을 꾸리고 공부를 한 일이 기적 아니고 무엇이라 하겠는가.

돛단배

　교육에 대한 꿈과 기대는 누구도 막을 수 없다. 인생의 목표와 비전을 설정할 때 교육의 기회를 가장 소중하게 생각한다. 높은 교육기회를 확보하고 꾸준한 노력을 통해 양질의 교육을 받는 길만이 신분 상승을 보장받을 수 있지 않을까. 준비하고 노력하는 사람에게는 순리대로 목표가 이루어지는 모습을 기대할 수 있다. 대학원을 위한 해외 유학도 준비단계가 마찬가지로 중요하며, 그 과정에서 행운이 따르기도 한다.

　K대학 2학년에 진학한 딸이 졸업 후 미국 유학을 가고 싶다는 의견을 내놓기에, 나는 무심결에 '대학 졸업하고 좋은 신랑 만나서 시집가서 잘 살면 되는 것 아니냐'고 말한 적이 있다. 아버지의 말에 당황한 그녀는 할아버지에게 달려가서 "아버지가 내가 졸업하면 시집을 가라"고 한다고 일러바쳤다. 속셈은 유학을 가서 계속 공부하고 싶은데. 며칠이 지난 후 아버지가 나에게 앞으로 딸도 유학 보내고 공부시켜야 한다고 권유하셨다. 나는 그해 3월부터 1년간 캘리포니아대

데이비스 캠퍼스에 초빙교수로 가는 계획이 확정돼 있었다. 막내아들이 고등학교 3학년이라 부부가 같이 갈 수 없는 상황을 알아챈 딸이 1년간 대학 휴학을 하고 따라가겠다고 해서 부녀가 미국으로 동행했다.

딸은 캘리포니아대에서 1년간 어학연수과정을 하루 4시간씩 성실히 이수했다. 이 기간에 제너럴 칼큘러스 5학점과 제너럴 케미스트리 4학점을 이수할 것을 내가 어드바이스 하자 그녀는 두 학과에 가서 교수의 승인을 받아 과목을 택했다. 좋은 성적을 받게 되면 유학을 허락한다는 힌트를 주었다. 그녀는 소파 앞 바닥 탁자에 한 번 앉으면 3시간 정도를 꼼짝하지 않고 열심히 수학 문제를 풀었다. 약속한 대로 두 과목에서 모두 A학점을 받았다. 랭귀지스쿨 1년 과정과 학부 이과계에서 가장 중요한 일반 미적분학과 일반화학을 좋은 성적으로 이수하였기에 유학의 기본조건은 갖추어졌다. 대학 3, 4학년은 그녀에게는 특별한 의미를 지니고 있었다. 학부 성적을 크게 높일 수 있었고, 독해력과 문장 쓰기 등 영어 실력도 업그레이드할 수 있었다.

유학을 위해서는 학부 4년간의 평균성적(GPA)이 3.5 이상(4.0 만점)이어야 한다. 각 전공 분야는 기초과목 예를 들면 인문사회계는 법학통론, 정치학개론, 경제학원론, 경영학원론, 사회학개론 등 한 과목을 이수해야 한다. 또 자연계는 일반미적분학, 일반화학, 일반생물학 등을 선택해 두는 것이 바람직하다. 대학에 재학 중 2, 3학년 때

외국대학에 1년간 교환학생으로 가는 것도 좋은 방법이다. 그 기간에 랭귀지 스쿨에 다니면서 학부 과목들을 이수한다면 금상첨화다. 집중적인 어학연수 프로그램은 여러 과정을 두고 있는 만큼 영어 말하고 듣기, 독해력과 문장 쓰기, 응용 문법에 이르기까지 영어 능력 향상을 위해 매일 4시간의 수강을 요구한다. 일 년간 연수과정을 마쳤을 때 대학원과정에서 요구하는 학술에세이 작성을 무난하게 완수할 수 있다. 어학연수 프로그램을 도외시한 학생들 경우에는 석, 박사학위 과정을 하면서 논문작성의 어려움을 겪게 되어 졸업이 몇 년씩 지연되기도 한다.

딸은 미시간주립대에서 섬유의류학 전공으로 석사학위과정에 입학했다. 그녀는 처음 두 학기 동안 이론 과목들을 매우 흥미롭게 깊이 파고들어 매력을 느꼈다. 대학원 교과과정이 새롭고 도전적인 주제들이 많아서 꾸준하게 노력하는 자세로 임하여 좋은 성적을 받았다. 두 번째 학기부터 연구 강의 조교로 선발되었으며, 교과과정 이수는 점차 용이하게 되었다. 세 학기째부터 석사학위 논문을 쓰기 위한 연구분석을 진행했으며, 그 결과가 만족스러워 마지막 학기에는 논문을 완성할 수 있었다. 그와 동시에 박사학위 과정을 이수할 학교 탐색은 미국에서 섬유의류학으로 가장 명성이 높은 아이오와주립대 가정대에 지원하기로 했다.

그녀는 순항하는 돛단배처럼 원하던 대학의 박사과정에 입학했다. 아이오와주립대 가정대에서 섬유의류학 전공으로 모든 교과과정을 이수하고 종합시험과 졸업논문심사를 순조롭게 통과했다. 그 무렵 대학으로부터 연구와 강의 분야에서 각각 최우수상을 받는 영광을 얻었다. 이어 버지니아테크대에서 섬유의류학 조교수로 채용되었다. 이 연락을 받고 우리 내외는 졸업식에 참가한 후 채용된 대학교를 둘러보고, 사우스캐롤라이나 머들비치로 가족 셋이서 기념 여행을 떠났다. 자동차로 긴 시간 동안 이어진 여행이었지만 계속 흥겨운 대화와 미소를 띤 채 즐거운 여행을 하였다.

 준비된 유학은 바람만 있으면 어디든지 갈 수 있는 돛단배 항해와 같았다. 선체 위에 세운 돛을 이용하여 오직 풍력이라는 에너지원으로 항해한다. 순풍이 아닌 변화무쌍한 역풍이 불어올 경우도 순항할 수 있다. 바람의 세기에 따라 돛을 펴고 접을 수 있으며 역풍이 불 때는 선체의 무게중심과 각도를 달리하는 방법으로 대처할 수 있기 때문이다. 실제로 기업경영에는 역풍에도 순항하는 돛단배 경영방식을 도입하기도 한다. 기업은 불확실성에 잘 대처하지 못하면 파산하기도 한다. 경영환경이 악화할수록 경쟁업체를 따돌리고 지속성장을 하기 위해서는 불확실성에 효과적으로 대처할 수 있어야 하지 않겠는가.

 대학 졸업 후 유학을 가서 공부하고 싶다고 했던 딸은 유학을 위해 필요한 모든 조건을 시간 여유를 갖고 주도면밀하게 준비했다. 이로써 그녀는 순항하는 돛단배를 타고 계획대로 갈 수 있었다. 축하할 일이다. 박사학위 논문 연구분석에 이은 독창적인 학술에세이 작성이나 종합시험, 졸업 후 교수로 취업 등의 강풍에도 불구하고 순항하는 돛단배 경영의 통찰력을 발휘했다. 이는 그동안 자신이 꾸준히 키워 온 핵심역량 덕분이 아니겠는가.

경쟁 없는 삶

 존중하는 마음으로 대하는 사람이 아내다. 사랑하는 연인이면서 한평생 경쟁자다. 경쟁의 마음이 없으면 성공적인 부부 관계를 이어 가기 어려울 수도 있다. 배우자를 어렵게 대하는 마음 자세가 있어야 하지 않을까. 오래 사랑을 지속하기 위해서다. 한때는 친구처럼, 또 연인처럼, 그러면서도 마음속으로 존중하는 상대방은 마음대로 할 수 없는 관계다. 한평생을 같이 살면서도 존경스럽게 대하는 태도는 왜일까. 이 마음가짐이 두 사람의 관계를 돈독하게, 또 오래 가게 해 주기 때문이다.
 성공적인 삶과 행복한 가정을 위해 경쟁하는 관계였다고나 할까. 나의 대학생활을 늦게나마 알게 된 아내는 무척 부러워하며 나의 노력하는 모습을 그림자처럼 따라 하고 싶어했다. 대학 2학년 때부터 친구 둘을 잘 만나서 셋이서 공부하기로 마음먹었다. 이때 미래에 대한 꿈을 갖게 되었다. 이 대화를 나눈 이후로 미국 대학원에서 함께 공부하는 커플로 변했다. 마침내 둘 다 교수가 되어 일생 동안 강단에서 시간을 보내게 되었다. 아내는 전공 분야에서 교과서를 두 권이나 출간했다. 나는 좋은 시기에 학교에서 보직을 맡으면서 소중한 시간을 날려 보냈다. 인간적으로 남는 것은 적지만, 개인적으로 얻은 경험과 성숙함은 내 생애에 큰 보탬이 되었다.

사랑하는 관계에서, 출근하면서 속삭이는 시간도 가졌다. 학교생활을 하는 중에 같은 차로 함께 출근할 때도 있었기에 가능했다. 그때마다 대화는 사랑스럽고 애정이 흘러넘쳤다. 집에서 함께 잠자리하는 시간에는 무척이나 여성이고 싶어했다. 열정적으로 노력하는 모습도 보여주며 행복한 순간에는 노골적인 표현도 멈추지 않았다. 'We enjoyed every minute of life.'라는 말처럼 행복한 시간을 함께 보냈다. 집에 있는 날이면 맛있는 음식을 만들려고 무던히 애도 썼다. 날마다 출근할 때 남편의 복장을 챙겨주는 하나하나 세심한 배려를 잊을 수 없다. 또 시아버지의 사랑을 받고 지내는 며느리답게 지극한 효성을 나타내기도 했다. 자녀 셋을 잘 키워서 둘은 미국대학 교수까지 만들었고, 며느리도 공부시켜서 미국대학에서 박사학위를 받게 했다. 할아버지의 소원이었던 우리 집을 5박사 가정으로 만들어 놓았다.

교환교수로 미국에 갔을 때 골프를 시작했다고 알렸더니, 바로 체육학과 조교들로부터 열심히 골프를 배웠다고 했다. 내가 3년 동안 한 달씩 여름방학 때 광주 야외골프 연습장에서 하루에 4,500개의 공을 치는 연습을 했을 때 아내는 얼마나 부러워했을까. 나도 모르게 학교에서 매일 골프연습을 하면서 레슨프로에게서 코치를 받았을 것이 틀림없다. 그런데도 티 하나 내지 않았다. 골프게임을 하면 스코어는 나보다 좋았다. 그래서 몇 번 같이 게임 하고 그만두었다. 나 보다는 승부 근성이 있어서 나를 이긴 것이 아닐까.

아내는 정년퇴임 후 골프를 그만두고 미술을 배우러 다녔다. 집념에 이어 그림 그리고 색칠하는데 열정을 쏟아부었다. 밤새워가면서 정성을 쏟으니 집안 곳곳에 대형 그림이 쌓이기 시작했다. 기성 미술가들의 레슨을 받으면서까지 그림에 빠져드는 모습을 지켜보았다. 5년 후에는 인사동에서 미술전시회를 개최했다. 전시회 마지막 날 방문해서 깜짝 놀랐다. 그림을 좋아하는 고객들이 작품에다 찜해놓은 표식도 여기저기서 볼 수 있었다. 그리고 옆에는 그림 구입을 예약한 고객들이 떠나지 않고 작품 옆에 서성거리면서 아내와 대화하는 광경도 목격했다.

하늘나라로 떠나보낸 후 많은 것을 후회했다. 인생을 뜻있게 보내는 것을 보면서 왜 나는 시간의 소중함을 잊은 채 등산과 골프에 그 많은 시간을 보냈는지 궁금했다. 그 덕분에 몸과 정신은 건강하다. 이제라도 정신을 차리려고 하는 중에 한 친구를 만났다. 수필집 10권을 낸 대학 동기였다. 그에게 자네는 인생을 의미있게 보낸다고 칭찬한 적이 있다. 이어 회고록이라도 쓰고 싶다고 마음을 털어놓았더니 수필창작반에 나가자고 권유했다. 늦게나마 따라온 수생수사반에서 올바른 스승을 만날 수 있었다. 많이 쓸수록 좋은 글을 쓰게 된다는 즉

다작 속에 수작이 나온다는 그의 독려가 큰 힘이 됐다. 그 후부터 생각과 상상을 토대로 많이 써 보려고 마음먹었다. 그래서 겁 없이 오늘도 쓰고 있다. 나중에 독이 되는지도 모르면서 따르고 있다.

저녁 식사 때 '혼자'라는 사실이 너무나 싫었다. 외로움이 그렇게 만들었다. 외출했다가 집에 왔을 때 습관적으로 '헬로우'라고 불러보지만 아무 대답도 없다. 나는 저녁 식사 한 끼만 밥을 먹는다. 모든 것이 프로그램돼 있어서 식사준비는 30분이면 충분하다. 백진주 쌀로 밥을 짓고, 손수 만든 등갈비찜, 된장찌개, 김치는 빠지지 않는다. 가게에서 산 반찬 대여섯 가지를 추가해서 식탁에 올려놓는다. 고기를 굽고 신선 채소 쌈이라도 곁들일 때는 다양해 보인다. 어느 날 카톡에 이 사진을 올렸다가 미국에 있는 큰딸이 울었다는 얘기를 듣고 멈췄다. 아빠 혼자의 모습이 얼마나 쓸쓸해 보였을까.

'경쟁 없는 삶' A life without competition은 나의 남은 인생을 슬프게 한다. 주변의 권유로 사람을 만나 보았으나 소득이 없었다. 이제는 모두 잊어버리고 어렵게 대했던 옛날 경쟁자와 마음의 대화 텔레파시를 나누며 사는 게 어떨까. 남미 여인들이 걸어가는 뒷모습 그림은 너무나 뛰어나서 아들 교수가 보존한다니 흐뭇하고, 요즘은 창작반에 수업을 들으면서 수필가가 되어 나의 체험담을 글로 쓰고 있지, 그림 그리면서 밤새울 때처럼. 또 지현은 세계 랭킹 5위 교수로 있으니 부러운 게 없다. 경쟁자 없는 삶에도 당신의 가호가 있으니 든든하다고 해야 하지 않을까.

이직의 꿈을 접다

 누구나 꿈과 포부를 가지고 있다. 기회가 오면 포착해서 성공을 향해 나아가고자 한다. 여기에 가치판단이 있고 올바른 의사결정은 정상궤도로 안내한다. 지속적인 노력, 일관된 집념, 그리고 지칠 줄 모르는 열정이 모든 일을 성공으로 이끌게 하지 않을까. 나는 정부의 자원에너지 계획에 참여하여 이론을 현실정책에 응용하는 데 기여할 수 있는 기회를 얻었다. 그 과정에서 고위직 인사들과 좋은 인간관계를 배울 수 있었으며, 발전 가능성이 열려있음을 알 수 있었다.
 대학에서 강의하고 있던 조교수 시절이다. 정부로부터 제3차 경제개발 5개년 계획 실무위원으로 위촉받았다. 자원에너지 부문 5개년 계획이었다. 계획수립에 참여하게 된 것은 개인적으로 영광일 뿐만 아니라 지금까지 학교에서 배운 이론을 실제 경제계획에 응용할 수 있는 기회를 갖게 된 것이 더욱 큰 의미로 다가온다. 경제과학심의회의는 네 명의 장관급 상임위원으로 구성되어 있으며, 상임위원장은 서울대학교 출신의 고승재 박사였다.

자원에너지 부문 계획은 제3차 경제개발 5개년 계획에 처음 도입 됐다. 에너지 수급계획, 산업별 원자재 수급계획, 그리고 자원 절약과 재활용의 수요예측과 수입선 다변화까지 포함된다. 이 부문 계획은 여러 차례의 발표회를 거쳐 기본안을 도출해내므로 실무진의 노력이 돋보인다. 여러 부문과의 조화를 도모하기 위한 작업이기 때문에 노력에 따른 결과가 크게 부각 되기도 한다. 상임위원들과 경제기획원 장관 앞에서 발표할 때는 내가 직접 브리핑을 맡기도 했다. 여러 차례 논의 후에 마련된 자원에너지 계획은 상임위원들과 경제기획원 장관 모두를 만족하는 수준으로 잘 다듬어졌다.

어느 날 상임위원들과 함께한 자리에서 상임위원장이 나에게 중요한 제안을 했다. "정부에 이사관 자리 하나를 비워두었으니 김 박사가 그 자리로 부임하는 것이 어떻겠느냐"고 말했다. 그 자리를 함께한 위원들은 정부의 국장으로 부임하면 대단히 파격적일 것이라고 했다. 그 후 나는 정부의 인사발령에 필요한 제반 서류를 갖추어 제출했다. 총무처는 이사관 채용과 관련해서 대통령의 인사발령에 문제가 있다는 지적을 했다. 민간인을 국장이나 차관보로 임명하려면 반드시 행정 고등고시에 합격해야 한다는 조항이었다. 며칠 후 위원장이 나를 불러서 자세하게 이 내용을 설명해 주면서 설득했다. 대학교에는 겨울 방학이 삼 개월이나 되니까 지금부터 열심히 공부하면 삼월 초에 총무처에서 주관하는 특별채용 행정고등고시에 합격할 수 있다고 나를 격려했다. 그 후 나는 위원장의 뜻에 따라 하루에 4시간씩 자면서 고시준비에 몰두했다.

행정고등고시는 경제학, 재정학, 행정학 등 세 과목으로 진행됐다. 일차 시험은 객관식이었다. 나는 대학에서 미시경제학과 재정학을 강의하고 있었으나, 5지 선다형 시험은 매우 어려웠다. 왜냐하면 틀린 것 셋은 찾아낼 수 있지만, 나머지 둘은 너무나 애매했기 때문이다. 과목당 최소 60점의 과락 기준이 있어서 더욱 어려운 시험이었다. 2차 시험인 주관식 시험은 논술식이어서 만족스럽게 치를 수 있었다. 3차 시험은 총무처 차관을 포함하여 차관 세 명이 면접시험을 주관했다. 국가관과 세계관 등을 질의하는 시험이었으나 큰 문제 없이 치렀다. 행정고시에 최종 합격했다.

총무처에서 진행하는 인사 추천 과정이 지연되었다. 상임위원장이 나를 부른 후 한 번 더 입장을 확인하고 총리실에 면접예약을 하였다. 나는 채용과정에서 지연되는 이유를 알게 되었다. 중앙정부에 국장 한 석이 비게 되면 수많은 과장급 공무원들이 승진기회를 잡기 위해 모든 부처의 장차관들에게 연줄을 대어 승진 가능성을 타진하고 있기 때문이다. 경쟁이 대단히 치열했다. 위원장은 직접 총리실을 방문하여 총무처에 해당 인사 서류를 총리실로 송부해 달라고 독촉했다. 며칠 후 인사발령을 위한 추천 내용이 총리실에 도착한 것을 확인해 주었다. 국무총리가 결재하고 청와대에서 대통령이 서명하면 최종 발령이 나고 바로 취임해야 하며, 관보에 인사 내용이 게재된다고 했다.

그다음에 문제가 발생했다. 아버지에게 제가 교수직을 그만두고 정부에 이사관으로 옮겨가는 이직에 관해서 소상하게 말씀드렸다. 아버지는 관계로의 진출을 못마땅하게 생각했다. 대학에 학자로 남아서 후학을 양성하는 역할을 해줄 것을 강조했다. 다음 날에도 나는 정색을 해서 젊은 나이에 공직에 진출하면 미래가 밝다고 소신을 펼쳤다. 그러나 아버지는 다시 한번 국회의원으로의 진출이나 정부관료로 이직하는 것은 바람직하지 않다고 했다. 나는 고민을 거듭한 후 상임위원장에게 저의 가정 사정과 입장을 소상히 보고드렸다. 위원장의 깊은 신뢰와 격려를 수용하지 못해서 송구스러운 마음을 감출 수 없었다.

그로부터 8년 후 내가 K대 정교수로 옮겨 간 해인 1983년 10월에 아웅산 테러 사건이 발생했다. 버마를 방문한 한국 대통령을 암살하려는 아웅산 묘역에서 서석준 부총리를 비롯한 장차관 등 17명이 사망했다. 이기백 합동참모의장을 비롯한 고급공직자 14명이 부상했다. 고인이 된 서상철 장관, 김재익 수석, 이기욱 차관 등은 모두 미국 박사들로서 탁월한 능력을 지녔다. 나는 그분들과 각별하게 친하게 지냈던 사람으로 유명을 달리한 데 대하여 마음이 아프다. 나는 이 사건만 생각하면 지금도 가슴을 쓸어내린다. 어쩌면 내가 그 자리에 있었을 것만 같기도 하다.

아버지께서 그토록 관계로의 진출을 거부했던 이유가 나를 이 같은 비극에서 구출해 주려는 선각자의 지혜가 아니었는지 생각하게 한다. 나를 낳아주고 길러준 아버지가 다시 나를 낳아주었다는 생각이 문득 떠오른다. 또 젊은 나이에 경제개발 계획 실무위원이 되어, 내 인생에 훌륭한 기회가 되었으나 운이 따라주지 않았다. 나의 이직에 대한 꿈을 접게 된 이유와 나중에 일어난 사건들을 유추해 보면 나를 슬프게 한 일 중 하나로 기억에 남을 것 같다.

골프, 분석당하다

여가 선호도가 높은 야외활동이 골프다. 전신 운동이고 노년에도 할 수 있는 운동이다. 다만 직장인이나 중년, 또는 시간적 경제적 여유가 없는 사람에게는 제약이 따른다. 클럽이 많아서 배우기 어려우며, 기술이 정교하고 디테일해서 익히기 또한 힘들다. 취미생활로써 집중적으로 노력하는 사람에게는 즐거움이라는 만족감과 노년의 건강을 보장하는 운동이다.

50세의 늦은 나이에 골프에 입문했다. 미국 대학에 교환교수로 갔을 때였다. 골프강습은 월수금 한 시간씩 2주 동안에 6시간 레슨한 것이 전부다. 연습장에서 3개월간 연습할 것을 권장했으며, 그 후부터는 골프장에서 라운딩을 허용했다. 골프경기에서 가장 요구되는 것은 방향과 거리이다. 정확한 방향으로 공을 보낼 수 있는지와 얼마나 멀리 보낼 수 있는지가 핵심이다. 이 조건을 충족시키기 위해서는 일관성 있는 스윙궤도를 유지하는 것이 중요하다. 연습이 필요한 이유다. 나는 처음 3년 동안에 여름 한 달씩 경기도 광주의 한 야외골프

연습장에 가서 아침 9시부터 저녁 8시까지 연습했다. 완전한 백스윙과 일관성 있는 스윙궤도를 익힐 수 있었다.

올림픽 육상경기에서 가장 먼 거리인 42.195km를 완주하는 마라톤 marathon은 지구력과 끈기로 대표되는 정신력이 중요하다. 여기서 정신력은 육체와 정신력이 소진된 상태에서 발휘하는 인간의 초인적 끈기를 말한다. 한편 골프대회는 4일에 걸쳐 진행되므로 역시 정신 집중력과 좋은 신체 컨디션을 유지해야 한다. 전자는 스피드가 목표여서 '인생은 마라톤'이라는 격언을 남기는 반면에, 후자는 시간에 구애받지 않는 홀인이라는 '정확성의 예술'이라고 할 수 있다. 나는 해외에 오랫동안 체류하게 되어 골프 실력을 향상할 수 있었다. 이와 더불어 초기에 집중훈련을 한 덕분에 골프 시작 10년이 되던 해에 18홀을 상상 이상의 좋은 기록으로 마쳤다. 이는 매일 라운딩을 하는 가운데 28일째였다. 그 후 20년이 지난 71세 때는 미국에 3개월 체류하면서 거의 매일 골프장에 갈 수 있었는데, 획기적인 기록을 세운 적이 있다. 그만큼 골프는 지속적인 라운딩과 집중적인 노력이 필요한 운동이다.

골프는 교육과 닮은 점이 많다. '학문에는 왕도가 없다'라는 말이 있다. 특히 수학, 물리, 화학 등은 중고등학교에서 체계적으로 교육을 받아야 대학에 진학할 수 있다. 그리고 대학을 졸업하고 대학원 박사과정을 거쳐야 학자로 진출할 수 있다. 이처럼 골프의 선수양성 과정도 많은 시간과 노력을 요구한다. 물론, 집중훈련을 하면서 프로 레슨을 꾸준히 받으면 1-2년에 70대 중반 점수를 칠 수도 있다. 이런 경우는 선수로 양성할 수 있는 잠재능력이 우수한 자로서 체계적 실전 훈련을 10년 정도 지속하면 세계적인 선수로 데뷔할 수도 있다. 골프는 실수를 줄이는 운동이어서 얼마나 자주 플레이하느냐가 관건이다. 열심히 공부하는 학생이 책을 가지고 살 듯이, 골프선수는 퍼팅 연습을 아침 일찍부터 저녁 늦게까지 한다.

골프는 자본주의 운동이다. 잘하면 점점 더 잘할 수 있고, 잘못하면 점점 더 못하게 되어 수렁에 빠질 수 있다. 드라이버 샷의 거리가 짧으면 두 번째 샷이 어려워지고 그다음 샷에도 영향을 준다. 동시에 공격 방향이 정확하지 못할 때도 결과가 좋지 않다. 이처럼 첫 타가 좋으면 다음 샷이 좋을 수 있고 결과도 좋게 된다. 세계적인 프로 선수 경우도 마찬가지다. PGA 1위를 하던 타이거 우즈는 파3홀에서 한 번 잘못한 것이 10타를 치게 되었고, LPGA 1위인 넬리 코다도 파3홀에서 똑같은 실수로 10타를 친 적이 있다. 정상적인 플레이에 비하면 한 홀에서 7-8타를 더 친 셈이다. 물론 골프가 이외의 경기여서 그럴 수도 있다. 비유적으로 말하자면 이 두 선수의 남은 경기 운영은 망해가는 기업이 떨이판매하면서 버티는 것과 같은 상황이다.

골프는 한국인 특성과 잘 맞는 운동이다. 열심히 하면 반드시 대가가 뒤따른다. 또 경기 특성상 숏게임이 디테일해서 도전해 볼 가치가 크다. 동계경기인 숏트랙 경기에서 우리가 세계 최고인 이유는 한국 선수들이 새치기 기술이 뛰어나기 때문이다. 특히 우리는 손재주가 세계에서 가장 뛰어나고, 부모의 교육열이 높다. 어머니의 가장 큰 관심 분야가 자녀교육인 것처럼, 자녀의 골프교육에 쏟는 열정은 세계 최고라고 할 수 있다. 연습장에서 자녀가 연습할 때를 보면 어머니가 타석에 앉아 손으로 공을 하나하나 놓으면 선수가 스윙으로 타격하고 그 순간을 레슨프로는 구질을 확인한다. 이 같은 훈련을 3자가 함께하면서 구질과 스윙궤도를 정확히 익혀나간다. 이처럼 온 가족이 매달려 레슨프로와 함께 연습한 선수들의 결과는 매우 성공적이다. 한때는 한국 선수들이 LPGA를 1위에서 10위까지 휩쓴 적이 있다. 경기 중계방송 도중에 퍼팅하거나 숏게임을 할 때는 워낙 탁월하니까 미국인들 가운데서 한국인에게 물어보라는 이야기를 자주 듣게 된다.

건강을 위한 골프는 이야기가 다르다. 스코어 못지않게 동료들과 대화하면서 푸른 숲과 잔디밭으로 이루어진 좋은 코스 걷는 매력이 크게 느껴진다. 18홀 경기를 마치면 7-8km를 걷기 때문에 하루에 일만 보 이상 걷기운동을 한 것과 같다. 나는 골프 레인지 연습보다는 이미지 골프에 의지하는 경우가 많다. 네 가지로 지적하면, 드라이버는 백스윙 완료 후 클럽이 수평을 유지하면 일단 멈춘다. 드라이버와 우드는 공을 뒤에서 가격하는 느낌으로 머리를 오른쪽에 남겨둔다. 공을 똑바로 보내기 위해서는 머리를 끝까지 공 위치에 둔다. 공을 핀에 붙이기 위해서는 클럽헤드 무게로 스윙한다.

노력한 만큼 결과가 뚜렷한 것이 내가 골프를 좋아하는 이유다. 처음 3년 동안 한 달씩 아침 일찍부터 저녁때까지 집중연습으로 스윙 메커니즘을 익혔다. 그 결과 별다른 훈련을 받지 않고도 지금까지 운동을 계속할 수 있는 것은 처음에 기본기가 중요함을 익혔기 때문이다. 노년에 접어들어 연습하지 않고 골프운동을 하는 이미지골프에 의존하면서도 만족감과 건강을 얻을 수 있다니 이 얼마나 놀라운가.

우거

나는 서울에서 한 시간 이상 떨어진 근교에 살고 있다. 거처를 이곳으로 옮긴 가장 중요한 이유는 바로 숲 때문이었다. 집 주위의 울창한 숲이 건강, 전망, 프라이버시 등 나에게 필요한 것들을 다양하게 만족시켜주고 있다.

내 주소가 바뀐 데 대하여 친지들의 반응은 너무나 웃겼다. 특히 고향에 거주하는 분들의 반응은 가히 놀랄 정도였다. 그 사람이 교수로 재직할 때는 서울에서 잘나가던 사람이었는데, 지금은 경기도의 한 시골 마을로 주소를 옮겨 살고 있다고 한다. 그 사람에게 큰 변화가 있었던 것만은 틀림없어 보인다. 경제적으로 어려움에 처했거나, 자식을 키우면서 예상치 못한 난관에 부딪힌 것은 아닌지, 몇 년 전에 부인이 세상을 떠났다는 소리를 듣기는 했지만 어떤 형태이든 염려스러운 상황변화가 있지 않고는 그럴 리가 없다고 수군거린다. 무엇인지는 모르지만 지위와 신분, 그리고 가정에서 비롯된 것일 수도 있기 때문이라고 지인들이 염려하는 분위기다.

부인이 세상을 떠나고 혼자서 경기도의 한 시골 마을에서 산다고 하니, 또 혼자 생활하면서도 자유롭게 거처한다고 하니, 관심을 갖고 한번 방문해서 생활하는 모습을 지켜 보고 싶어하는 친지들이 여럿 나타났다. 그들은 적극적으로 방문 의사를 밝히면서 함께 하루를 즐겁게 보내면서 식사 문제는 외부에 시켜 먹는 방식으로 해결하자는 제안까지도 서슴지 않는다. 고스톱 게임도 하고 바둑도 두면서 1박 2일 프로그램이 좋으니 허락해 달라는 사람들도 있었다. 또 한번은 소머리를 사 와서 몇 시간 끓이면 머릿고기와 사골국이 멋지다고 소개하면서 머릿고기는 훌륭한 술안주가 되고 국물에 밥 말아 먹으면 기가 막히게 맛있다는 제안을 해왔다. 강남 영동시장에 들러서 큰 양은솥을 사고, 마장동 시장에 가서 한우 머리 반 마리를 산 후 동료 다섯 명이 함께 집에 와서 직접 요리를 해서 맛있게 먹고 마시고, 떠들고 놀면서 하루를 즐겁게 보낸 적이 있다.

거주하는 주택은 인간의 생활을 담는 그릇이다. 수지구 성복동 79평 아파트에서 오랫동안 살았다. 배우자가 세상을 떠나면서 집 크기를 반으로 줄이기로 작정하고 이전했다. 그 장소가 바로 오래전에 골프를 하면서 동료들이 모두 쳐다보면서 병풍처럼 둘러싸여 있는 아파트가 좋아 보인다고 해서 봐 두었던 곳이다. 이전한 우거의 주변은 설악산 속에 위치한 것과 같이 아침저녁으로 새소리를 듣고 맑은 공기를 마시면서 지내는 한적한 곳이다. 삼복더위에도 4베이의 앞쪽과 뒤쪽 창문을 열어 놓으면 통풍이 잘되어서 일 년에 에어컨을 켜는 날이 극히 적었다. 그리고 겨울에는 통유리 덕분에 하루 종일 햇볕이 들어와서 난방하지 않아도 20도 정도는 항상 유지될 정도로 따뜻하다.

주택의 전면은 골프장의 울창한 나무들로 둘러싸여 있고 뒷면은 아주 멀리 떨어진 곳에 고층아파트들이 보일 정도다. 샤워한 후 옷을 걸치지 않은 채로 거실을 지나다녀도 어디에서도 볼 수 없는 산속에 와 있는 느낌이다. 이렇게 설명하면 모두 깜짝 놀란다. 그냥 멀리 보이는 자연을 감상할 뿐이다. 서울에서 50km 정도 떨어진 거리에 있어서 집에서 강남까지는 40분, 그리고 서울 안국동까지는 한 시간 반 정도 걸린다. 지하철을 갈아타면 서울까지 왕복할 수 있는 위치다.

산속의 우거寓居를 무어라 말할까 생각해 보았지만 마땅한 표현을 찾지 못했다. 경기도 한 시골 마을의 주택으로 앞뒤가 숲으로 우거진 가운데에 있는 작은 집으로 나의 생활 터전을 소개했다. 실상은 우리에게 익숙한 아파트 모습을 지니고 있으며 지하 3층까지의 주차장도 갖추어져 있고 걸어서 지하철까지 접근이 가능하다. 그 주택의 이름을 무어라 부르면 될까. 우리에게 익숙한 교외의 전원주택, 외로운 아파트, 아니면 숲속에 떨어져 있는 농막農幕이나 우거라고 하면 어떨까. 실제는 우뚝 솟은 아파트의 모습을 지닌 것이 분명하지만.

나는 친지들과 저녁 식사를 하면서 그들이 내가 어디에 어떤 모습으로 살고 있는지를 몹시 궁금해하길래 좀 과장해서 경기도의 한적한 시골의 농막에서 거주하고 있다고 소개했다. 즉석에서 많은 사람이 궁금증을 불러일으키면서 꼭 한번 방문해 보고 싶어한다. 친지들과 어울릴 수 있는 기회를 마련하는 데는 일단 성공한 작전이다. 나는 이 분위기를 놓치지 않고 우거의 주변환경과 생활하는 모습을 자랑한다. 올해 삼복더위가 늦게까지 기승을 부리는 바람에 집 마당에서 연결된 산책로를 따라 매일 산속 길을 6km 정도 걸으면 두 시간 정도는 땀 범벅이 되면서도 그 상쾌함은 다른 것에 비유할 수 없을 정도로 즐거움을 만끽하고 있다고 소개한다. 요즘은 그 산행 맛에 산다고 해야 하지 않을까.

여생을 타향에서 보내고 있는 나의 주거 모습은 우거라고 표현하는 것이 적절해 보인다. 농막은 상징적인 용어로 그 규모가 6평으로 제한되어 있고 농사짓는 데 필요한 창고나 쉼터로 허용할 뿐이기 때문이다. 내가 거주하는 주택은 나의 노후생활을 지탱해주는 터전이다. 그곳은 넓은 퍼팅장을 갖춘 마당이 있어서 시간이 멈춘 듯 퍼팅을 하기도 하고, 마당에서 이어지는 숲속의 산책로를 따라 매일 등산하면서 즐기고, 이러한 모습을 주변에 알려 많은 사람이 방문하게 해서 교류한다는 것은 바람직한 일이 아닌가. 또 거주하는 우거를 빛나게 하는 일은 어디 그뿐이겠는가.

공동주택

 서울이나 경기 등 수도권에는 묘墓를 쓸 자리가 없다. 산을 구입할 수도 묘지를 확보할 수도 없다. 화장해서 유골을 납골당에 안치하거나 산과 강에 뿌릴 수밖에 없다. 절박하다. 우리나라는 국토면적의 65%가 산림임에도 불구하고 묘지조성을 위한 산지나 평지의 밭까지도 구입하기가 쉽지 않다. 우리 묘지문화는 조선시대 이후 매장문화가 주류를 이루면서 산지가 불법 매장지로 뒤덮이면서 오랫동안 홍역을 치렀다. 이제는 장묘문화가 매장에서 화장으로 바뀌어야 하지 않을까.

 우리 장묘제도는 삼국시대에 주로 매장을 하다가 통일신라 시대에 들어와 불교의 영향으로 화장이 성행했다. 고려시대에는 불교식인 화장과 유교식 장례문화가 공존하는 시기였다. 조선시대는 유교의 특징에 따라 매장제가 시행됐다. 조선 후기에 와서 묘지 풍수신앙이 널리 신봉되면서 묘역이 넓어지기도 했다. 오늘날 매장을 원할 경우에는 산을 구입해야만 한다. 개인의 사유지에 한해서 묘지를 조성할 수 있다. 개인 묘를 쓰기 위해서 관의 허가를 받거나 신고할 의무는 없다. 개인이 산을 취득한다고 해서 묘지조성문제가 모두 해결되는 것은 아니다. 그 지역 주변의 개발 가능성, 접근성, 진입로 확보 문제, 기존 마을과의 인접성과 통과 여부 등을 면밀하게 검토해야 하지 않겠는가.

공원묘지에 매장하는 것은 지금도 선호하고 있지만, 15년의 제한 기간이 지나면 매장된 유골을 봉안시설에 옮기거나 화장하여 유골을 산골을 해야 한다. 우리는 일찍이 묘지 등을 준비해두는 것이 장수한다는 풍속이 있어서 묘지를 사전에 취득해 두기도 했다. 나도 부모의 묘소가 있는 서능공원묘원에 일찍이 40평의 묘지를 구입했었다. 공원묘지는 매년 사용료 명목으로 관리비를 부과하고 있다. 우리가 거주하는 아파트처럼 관리비도 매년 상승한다. 내가 산 묘지예정지에도 5년 경과 후부터 매년 관리비를 납부 해왔다. 부모님 묘소의 관리비까지 합하면 연간 80여만 원이 되었다.

우리나라 국토면적의 약 1%에 해당하는 토지가 묘지이다. 그 면적은 약 8만 ha로 추정되는데 부산의 약 2배 크기이다. 이에 따라 매년 여의도 면적만큼이 묘지로 잠식되고 있다고 한다. 묘지형태는 개인묘지와 집단묘지로 나눌 수 있는데 개인묘지가 전체의 69%를 차지하고 있다. 나머지는 집단묘지이고 그중에서 대부분은 공원묘지이어서 효율적으로 이용된다고 할 수 있다. 특히 공원묘지는 작은 매장 면적에 허용하는 기간이 법으로 명시되어 있어서 우리나라 장묘제도의 장점을 살리고 있다고 볼 수 있다. 가족묘지는 근년에 와서 흩어져 있는 조상의 묘소를 한 군데로 이장함으로써 효율적으로 관리할 수 있다는 평가를 받기도 한다. 전국에 산재해 있는 분묘의 수가 이미 2,000만 기를 넘어섰다고 한다. 그뿐만이 아니다. 조상들의 묘를 제대로 관리하지 않아서 버려진 묘지가 전체의 40%라고 한다. 이는 국토의 효율적 이용을 저해하는 산림 훼손과 자연경관 훼손이라고 할 수밖에 없지 않은가.

외국의 장묘제도는 화장, 분묘, 공유묘지 등 세 가지 특징이 있다. 우리나라와 비슷한 문화를 가진 동북아시아는 화장이 대세다. 일본은 화장률이 97%이고 중국은 매장을 법으로 금지하고 있어서 화장이 100%다. 태국은 불교 신자가 많아서 90%에 이른다. 유럽도 화장률이 69%이다. 프랑스와 독일 같이 아직 매장 중심의 장묘문화를 가진 나라들은 대부분 집단묘지와 가족묘지로 매장을 한다. 그들의 특징은 묘지 크기가 작고 시한부 묘지제도를 도입하여 일정 기간 후에는 유골을 납골한다는 점이다. 국토가 넓은 미국은 묘지면적을 관 크기로 엄격히 제한하여 평장을 하고 있다. 유럽 경우에는 묘지가 도시의 마을 속에 위치한다. 공원처럼 잔디밭으로 꾸미고 산책길을 마련해 사람들의 쉬는 공간으로도 활용한다.

오래전에 아버지와 나는 외조부의 묘가 있는 대전 국립묘지와 그 주변의 대규모 공원묘지를 방문할 기회가 있었다. 그때 부친은 공원묘지를 손으로 가리키면서 저승 아파트라고 지적하신 말이 떠오른다. 나도 비슷한 느낌을 가졌다. 맞는 말이다. 우리 가족이 사후에 영면할 가족묘지가 바로 공동주택이다. 내 부모와 형제를 비롯한 가족과 그 후손들이 사후에 머물게 될 안식처다. 일찍이 내 동생이 고향 인근의 안동과 예천 일원에 산 네 곳을 매입해 두었다. 공동주택의 위치를 결정하기 위해서 그 산들을 모두 샅샅이 다니면서 꼼꼼히 비교해 보았다. 그때 나는 가족묘지 선정기준으로 세 가지를 제시했다. 앞으로 300년 정도는 해당 묘역과 주변 지역이 개발되지 않을 곳이어야 하고, 도로 등 접근성이 양호하여 묘지까지 차량이 닿을 수 있어야 하며, 기존의 마을을 통과하지 않고 마을과 상당한 거리가 있어야 한다. 접근성은 어린이와 부녀자들의 성묘를 위함이고, 장례 버스가 마을을 통과하면서 야기될 불만의 소지를 없애기 위해서다.

서능공원묘원에 있던 부모의 묘를 새롭게 마련된 지보면 만화리 산 88번지 공동주택에 이장한다. 개장신고 후 파묘하여 유골을 화장할 필요 없이 그대로 옮겨와 매장한다. 공동주택 전면에 제단을 설치하여 모든 제사 행사를 이곳에서 시행케 한다. 이 점이 공동주택을 마련한 가장 큰 특징이다. 묘비와 망두석, 석물과 표지판 등은 제단의 좌우 전면에 적절하게 배치토록 한다. 각 묘소의 전면과 주변은 잔디밭으로 만들고 제단과 묘소를 중심으로 양쪽 주변에는 소나무를 식재한다. 제단의 전면은 성묘객이 참배할 수 있도록 잔디밭을 조성한다.

공동주택의 구상은 개별 묘소의 봉분을 작게 하고 전면에 비석이나 상석 등 석물을 설치하지 않는 것이 특징이다. 시대의 변화에 따라 화장문화가 대세가 되면 화장 후 유골을 지하 60cm 심도로 매장하여 평장이 되도록 하고 그 전면에 표지판을 세운다. 그 외 모든 공간은 잔디밭공원을 만들고 산책로를 두어 주변이 소나무 숲으로 둘러싸인 아름다운 5박사 공동주택으로 유지함이 꿈이다. 그 꿈은 후대를 이어줄 가족 구성원들이 생존하고 있기에 희망의 끈을 놓지 않는다.

한때의 기억

　누구나 고교 시절이 있다. 내가 다닌 학교는 강릉농고로서 일제 강점기 이후 강릉을 대표하는 공립학교가 되었다. 이 학교는 모든 실업계 학교가 인문계로 전환을 허가할 때도 학교의 전통을 고수한 채 인문계 전환을 추구하지 않았다. 고교 시절 내가 경험한 에피소드는 많은데 그중에서 토끼몰이는 잊을 수 없다. 가을이 되어 한우 시식회 날은 선생님과 학생들이 마음껏 먹고 마시면서 사제 간의 우애와 정을 함께 나눈다. 이는 학생들의 기질 형성에도 영향을 미쳐 동창회원들 간의 단합이 잘 되게 했다.
　실업계 고교의 한계는 대학진학에 있었다. 고등학교의 특성상 실업계 과목의 비중 때문에, 인문계 수업이 축소될 수밖에 없었다. 나는 차남으로 태어나 외지의 고등학교나 대학에 갈 수 없는 처지였다. 서울에서 고등학교를 마치고 대학에 진학한 형이 사고로 세상을 떠나자 아버지는 강릉농고 교사인 자형에게 나를 맡겼다. 어려운 환경 속에서 나는 학업에 열중하여 대학에 진학할 수 있었다. 버스와 기차로 고향인 청송과 강릉을 오갈 수 있었으나 모두 1박 2일이 걸렸다.

초겨울 전교생 토끼몰이 사냥대회는 많은 학생이 횡대로 늘어서서 전진하면서 토끼를 쫓아 포획하는 일이었다. 토끼몰이 사냥은 뱀 사냥과 닮아있다. 야산의 4-5부 능선에는 뱀을 사냥하기 위해 50-60cm 높이의 나이론 망사를 쳐놓은 곳이 있다. 뱀이 아래로 내려오다 망사를 보면 전진하지 못하고 벗어나려다가 그물 망사에 휘감겨서 탈출하지 못한다. 바다에 어망을 쳐 두었다가 걷어내면서 물고기를 잡는 것과 같다. 눈 속의 월대산 토끼몰이는 이와 유사한 모습이다. 눈이 내리면 토끼는 먹이를 찾기 어려워지고 숨을 곳도 마땅히 없어서 생명의 위험에 노출되기도 한다. 이와 비슷하게 인산인해를 이룬 사람들이 대열을 좁혀 토끼몰이를 진행하기가 어려워진다. 눈이 오면 사람들이 걸어가는 속도가 평상시보다 느리고 걷기 자체가 훨씬 더 어려워지기 때문이다.

군에서 간첩을 격멸했던 것이 생각난다. 작전명령에 따라 나는 완전무장한 소대원 32명을 밤 11시에 세 군데 분산 잠복케 했다. 전투지점은 도로가 지나는 교량지점의 경사진 언덕에 사병 열 명이 비스듬히 기대어 엎드린 자세로 잠복근무하던 곳이다. 그날 칠흑같이 어두운 새벽 2시경에 교량 밑으로 흐르는 하천 너머로 희미하게 다리 밑으로 접근하는 물체를 발견하자 병사들이 일제히 총격을 개시했다. 그러자 논으로 도주하면서 반격하는 간첩들과 총격전이 벌어졌다. 논 들판에서 총성이 빗발치는 쫓고 쫓기는 추격전이 일어났다. 새벽 4시에 총성이 멈추고 잠복시간 3시간과 전투시간 2시간의 작전이 종료됐다.

　전투결과는 간첩 세 명이 사살되고 국군 한 명이 실종됐다. 소대원 열 명이 총격전 끝에 간첩 세 명 모두를 사살한 것은 획기적인 전과였다. 내가 소대장으로서 이 작전에 투입된 이유가 궁금했다. 단장과 참모부에서 우수한 소대장에게 작전을 맡겨야 성공할 수 있다는 믿음에서 기인됐다고 한다. 대간첩작전이 크게 성공하니 지휘부의 생각이 적중했다는 말이 퍼져나갔다. 왜 그런 평가를 받게 됐는지 아직도 확실히 알지는 못한다. 이 작전에서 나는 전쟁이 발발하면 소대장이 앞장서지 않으면 안 된다는 점과 희생이 있더라도 승리를 쟁취하지 않으면 안 된다는 책임감을 깨달았다. 토끼몰이를 고등학교 행사로 기획하여 많은 포획을 올린 것이나, 대간첩작전에서 끝까지 추격해서 격멸시킨 것은 목표지향적인 공통적인 행위가 아닌가.

　매년 진행하는 5월 5일 강릉농고 동창회 체육대회는 90년의 학교 역사만큼이나 꾸준히 열리고 있다. 강릉에서는 총동창회가 주관하여 매년 체육대회가 열리고 재경동창회는 똑같은 형태의 대회를 서울에서 개최한다. 강릉이나 서울에서 개최하는 체육대회는 규모가 클 뿐만 아니라 모든 졸업생과 가족을 포함한 행사로써 전통이 있으며 졸업생 기수별로 부스를 지정하여 참여하고 있음이 특징이다. 졸업 65기인 25세 졸업생부터 25기인 95세 졸업생까지 참여한다는 것만 생각해도 사회단체 모임에서는 상상하기 어렵다. 본인은 81세인 점을 고려하면 14년 선배님들을 보면서 나도 동창회 행사에 계속 참석하겠다는 다짐을 한다.

　전교생을 위한 시식대회는 기억에 남는 일로 매년 연례행사로 이어져 왔다. 가을걷이를 마무리하면서 학교에서는 축산과에서 사육하던 소를 실습목적으로 도축한 후 선생님과 학생들 10여 명이 직접 해부 및 해체작업을 진행했다. 이어서 교직원과 학생들에게 쇠고기 시식대회를 개최했다. 그날은 선생님과 학생들이 맛있는 쇠고깃국과 막걸리를 실컷 마시면서 모두 즐거워했다. 교직원과 학생을 합쳐 1,000여 명을 약간 넘는 인원이 참여하여 즐거운 시간을 나누던 기억에 남는 하루였다.

　전국 어느 고등학교가 이처럼 사제 간의 돈독한 정을 나눈단 말인가. 강릉농고는 선후배 간의 끈끈함이 독보적이다. 재학생과 졸업생의 성격이 고려대 교우회를 쏙 빼닮은 것 같다. 강농고동창회는 우리나라 4대 불가사의不可思議한 단체의 일원이라고 회원 스스로가 자부하고 있다. 이들 단체는 호남향우회, 해병대전우회, 고려대교우회, 강농고동창회이다. 단합과 단결력 면에서는 그렇다. 선배들은 항상 후배를 끔찍이 아껴주고 사랑하면서 모범을 보이려고 애써 왔다. 졸업생들의 단합과 끈끈함에는 함께 나눈 한때의 기억이 배어있다는 느낌을 지울 수가 없다.

주택지의 실체

　자연경관이 수려하고 쾌적한 곳에 집을 짓고 사는 것은 누구나 바라는 꿈이다. 주택지를 마련하는 것은 삶의 가장 기본적인 의식주를 해결하는 하나의 과정이다. 주택을 건축하기 위한 첫 단계이다. 도시지역에서는 전문기업이 정부나 지방자치단체의 허가를 받아 주택지를 조성하고 분양을 위한 대지를 구입하는 것이 추세이다. 나는 일찍이 그런 곳에 주택을 마련하기 위해 기존에 분양된 대지를 구입했다. 그곳이 평창동 대지이다. 당시 서울에서 최고의 주택지로 알려진 곳이다. 행정당국의 관리 감독이 까다롭기로 이름난 곳이다.
　나는 소유하고 있는 대지의 형질변경허가를 불허한 데 대하여 행정소송을 통해 해결의 가능성을 찾았다. 사법부의 최종 판결이 있은 후에도 종로구청에서 거부를 계속해서 손해배상청구를 위한 간접강제를 재판부에 신청하였다. 이를 통보받고 종로구청에서 형질변경허가를 해주었다. 주택을 신축하기 위해서 절토 등 정지작업을 하여 대지로 준공허가를 받았다. 이것이 끝이 아니라 '산 넘어 산'이 아닌

가. 대지가 임야로 둔갑하는 황당한 사건이 일어났다. 서울시로부터 대체조림비와 산림전용 부담금을 납부하라는 통보를 받았다. 고지서 하단에는 '불복이 있을 때는 행정심판을 청구할 수 있다'고 명시했다. 행정심판의 결과는 부과처분이 위법 부당하다고 보기 어렵다는 판결이었다. 그 후 이어진 행정소송에서는 기각결정이 나서 확정되었다.

논리적으로 이 문제를 살펴볼 필요가 있다. 국유지를 불하하면서 정부는 정부종합청사 건립기금을 마련하고, 건설부는 주택지조성사업 허가를 하고 서울시는 도시계획법에 따라 주택지조성사업 준공허가를 하였다. 구체적으로 이 주택단지는 70년 한신부동산회사가 평창동 국유지를 불하받아 정부의 주택지조성 허가에 이어 서울시에서 도시계획법에 따라 주택지준공 허가를 받은 것이다. 대지를 일반 시민들에게 분양하였다. 이 대지 분양은 '숲속의 전원주택을 건설하여 풍치를 최대한 살리고자 하는 서울시의 의지'가 반영되어 있었다. 일반인들에게 대지를 분양할 때는 도로, 상하수도 등 도시기반시설을 모두 갖춘 상태였다.

주택지조성 사업은 일정 규모 이상의 인가사업이므로 상위법에서 인가된 사안을 하급행정기관에서 주택건축을 할 때 필지별로 형질변경허가를 다시 받도록 규정한 점은 명백한 모순이다. 또 다른 모순은 비록 형질변경행위 허가의 단서조항이 첨부되어 있다고 해서 준공된 대지가 어떤 이유로도 산림이 될 수는 없지 않은가 하는 점이다. 이 대지는 산림법에서 정하고 있는 보전임지나 녹지지역에 해당하지 않는다. 주택지조성이 준공된 대지는 이미 산림의 기능이 상실되고 다른 용도로 산림을 전용한 대표적 사례이지 않은가.

 이 대지는 주택지조성 사업을 준공하여 도로 상하수도 등 주거지역으로서의 모든 생활편의시설을 갖춘 구역 내의 토지이다. 주택건축을 위한 형질변경 행위허가에 관계없이 임지가 아님은 물론 산림기능이 상실한 상태다. 이 점은 현상이 산림인 임야를 공부상으로만 지목을 대지로 바꾸는 것은 현행 법률 하에서는 어떤 경우에도 불가능하다는 점을 상기하면 이미 전용된 것이 분명해진다. 이 대지의 현상을 들어 산림으로 판단하는 것은 산림청의 자의적 해석 또는 산림법을 부당하게 확대해석한 것이다. 이 대지는 임지의 전용허가 또는 산림훼손 허가를 받아 다른 용도로 사용하는 경우가 아닌 것이 명백하지 않은가.

 산림의 성립요건은 임지와 입목축적으로 볼 수 있다. 지목이 임야이면 산림의 필요조건은 되지만 입목축적이 상실되면 산림으로서의 충분조건을 갖추지 못한다. 지목이 대지인 경우에는 설령 입목축적이 있더라도 산림으로서의 성립요건이 되지 않는다. 임지와 입목축적의 두 조건을 갖추었을 때를 산림이라고 정의할 수 있지 않은가. 이에 대한 사례로는 일정한 대지에 조경수목을 집단적으로 재배하는 경우를 들 수 있다. 이 경우 수목이 집단적으로 생육하여 입목축적은 있지만 토지가 임지가 아니므로 산림으로 볼 수 없다. 이는 흔히 대지에 수년 동안 채소 등 원예작물을 재배하다가 주택을 건축하는 경우와 같다. 이때 대지는 건축을 할 때까지는 농업 용도로 사용된 것이 분명하다. 그렇다고 해서 이를 농지전용으로 보아 농지전용부담금을 부과하지 않는다. 이 경우는 토지의 용도가 지목상 대지로서 농지가 아니기 때문이다.

왜 대지가 갑자기 산림으로 둔갑하였지 궁금하다. 종로구청에서 산림청에 대체조림비 및 산림전용 부담금을 부과하는 질의회신에서 긍정적인 답변을 듣고 서울시로 하여금 부과 징수하도록 요청했다는 것이다. 형질 변경허가 문제를 논의할 때 문제 삼는 것은 나무가 몇 그루나 있으며 입목도가 얼마인지가 핵심이었다. 어느 기준 이상이면 허가대상에서 제외되었다. 그런데 지금 와서 나무가 울창해서 대지가 아니고 산림이라고 하니 말문이 막힌다. 산림청 담당자를 만나서 자세하게 설명하니 그 땅이 바로 문제의 대지였느냐면서 깜짝 놀란다. 일찍이 한번 오셨더라면 문제도 되지 않는다고 했다. 문제가 될 수 없다는 것을 늦게나마 깨달은 것 같아 기분이 좋았다.

주택지의 실체는 경관이 수려한 서울의 대지였다. 대지 준공과 더불어 전체 바닥면적을 시멘트로 평평하게 시공하지 않은 것이 후회스럽다. 풀 한 포기 나무 한 그루 싹트지 않게 함으로써 갑처럼 행동하는 행정담당자의 마음이 편하지 않았을까. 나는 사건 종료 후 판사를 찾아가서 설명한 내용을 종로구청 담당과장에게 밝힌 적이 있다. 그 후의 반응은 놀라웠다. 평창동의 모든 형질변경대상 필지에 부과한다고 고시했던 산림전용 부담금 조항이 한순간에 말끔히 해제되었다. 그것을 알게 된 순간 나는 한 사람의 희생이 다른 많은 사람을 보호하는 역할을 하게 되었음을 깨달았다. 참 다행이다.

어민, 가난을 벗어나

　공동소유 자원이다. 바다에는 주인이 없다. 우리나라 바다는 과잉 어획으로 인하여 어자원 고갈을 초래하였다. 어민은 태생적으로 가난한 여건에서 거주한다. 만선의 꿈을 꾸면서 높은 위험성과 불확실성을 안은 채로 공동체적 삶의 방식을 이어오고 있다. 잡는 어업에서 기르는 어업으로 바뀌면서 어민의 소득수준이 향상되고 어촌이 안정되고 있다. 소득의 양극화는 해소해야 할 과제로 떠오르지 않는가.
　바다는 개인에게 소유권을 부여하도록 나누어 구분할 수 없다. 또 어류는 일정한 곳에 머무르지 않고 먹이를 따라 해양을 자유로이 이동하는 특성이 있다. 자유재라는 이유 때문에 개인 어부는 잡는 일이 전부였다. 어선을 동력선으로 또 어획장비를 혁신적인 것으로 바꾸면 보다 많은 수량의 고기를 잡을 수 있다. 어로 기술향상은 물론 그물망을 포함하여 어로 장비에 많은 투자유인을 가지게 된다. 여기서 우리가 한가지 잊고 있는 것이 있다. 어부가 잡아 출하하는 대어는 바다에서 큰 고기로 성장하는 데 수개월에서 수년이 소요되므로 이에 대한 대가인 기회비용을 고려해야 하지 않을까.

밀물과 썰물이 교차하는 갯벌은 안정된 생태계로서 어패류 서식에 좋은 조건을 제공하고 있다. 갯벌에는 패류인 조개, 꼬막, 바지락 등과 낙지 등 어종이 서식하고 있다. 개인 어민은 어패류를 자유로이 잡으면서 멸종위기와는 상관없이 한계포획비용만 고려한다. 어패류는 전통적으로 생산되는 것이 아니라 자연상태에서 포획된다. 어패류는 희소성의 특징과 성장하는데 시간이 소요되므로, 오늘 포획된 어패류는 내일은 포획할 수 없어서 기회비용이 발생한다. 사회적 한계비용은 어패류 포획의 한계생산비와 기회비용을 합한 금액이다.

어패류의 수요곡선에 해당하는 사회적 한계이익곡선과 공급곡선에 해당하는 사회적 한계비용곡선이 교차하는 지점이 최적 어패류 포획량이고 이 가격이 적정가격 수준이다. 실제는 개인 어민은 기회비용을 고려하지 않기 때문에 어패류 포획은 과잉생산 수준의 남획이 일어나서 어패류 고갈현상을 초래하게 된다. 또 어패류 가격은 지나치게 낮은 수준을 유지하여 개인으로 하여금 남획을 일으키는 유인으로 작용한다. 이러한 행위가 반복되고 시간이 지남에 따라 연근해 어업은 종말에 가까워진다. 어자원의 씨가 말라감으로써 어민은 시간이 흐를수록 어획량이 감소하게 되고, 소득수준이 떨어지는 것을 경험한다. 어부가 자연상태로부터 어패류를 포획할 때 한계생산비만 고려하는 이 특성이 공동소유에 따른 소유권 부재와 더불어 장기적으로 어부를 가난하게 만드는 원인으로 작용한다.

어자원을 잡고자 하는 사람은 누구나 자유로이 잡을 수 있다. 자유롭게 접근할 수 있으므로 무료로 고기를 잡을 수 있다. 어자원 문제는 다음 격언이 중요하다. "모든 사람의 고기는 누구의 고기도 아니다" "잡는 것이 좋으면 계속 잡아라" "남이 잡아가는 것을 왜 내가 자제하는가" 등이다. 공동소유자원은 효율적 이용을 도모할 수가 없다. 자원을 남획하여 고갈시킴으로써 심지어 재생력까지도 파괴하게 된다. 모든 사람에게 자유로이 이용 가능한 자원은 아무도 그 자원을 보호하지 않는다는 것을 의미한다. 공동소유자원은 소유권 부재이다. 모든 사람이 소유하고 있다는 것은 아무도 소유하고 있지 않음을 뜻한다. 누구든지 자원을 과잉 이용할 수밖에 없지 않은가. 과잉이용은 필연적으로 어자원을 고갈상태에 이르게 한다.

　수산물을 양식하는 행위는 인류가 경험한 작물 재배와 가축사육 중에서 비교적 늦게 시작한 것이다. 인류는 자연상태로 존재하는 동물을 수렵하고 식물은 자연 그대로 섭취하였다. 인구가 증가함에 따라 식량확보가 어려워지자 다른 지역으로 이주하기도 했다. 그 후 인류는 동식물을 수렵하는 것에만 의존하지 않고 직접 동물사육과 식물재배 중심으로 발전하였다. 인구증가와 기술발전에 따라 수산물 포획량이 늘어나면서 어자원이 멸종위기에까지 이르게 되었다. 세계는 실제 어획량이 급감하는 현상이 발생하자 포획량을 제한하는가 하면 어획량을 늘리기 위한 수단으로 양식업을 도입하기 시작했다.

　우리나라 양식어류는 광어가 가장 많고, 그다음이 우럭 숭어 참돔

등이다. 물고기 이외의 양식은 패류로 굴과 가리비를 들 수 있는데 2,000년 무렵부터 전복이 양식되면서 어민 소득이 크게 높아졌다. 양식어업은 소득에서도 차이를 가져와 어선을 이용해서 잡는 어업을 주도하는 어가는 소득이 감소하는 반면, 양식업 어가의 소득은 늘어나고 있다. 이는 정부의 어업 정책과도 관련이 있다. 정책 기조는 잡는 어업에서 어업자원 규모를 적정하게끔 어획 능력을 줄이면서, 기르는 어업을 육성한 데에 따르기도 한다. 양식어가 사이에 소득 격차 또한 양극화 요인이 되기도 한다. 이는 양식업 자체의 고수익 고위험에 기인한 탓이 커서 그런 것이 아닐까.

 어민은 바다를 이용하여 물고기를 잡거나 김, 미역 등을 채취하는 전통어업에서 완전히 벗어났다. 양식 어종이 다양해지고 양식장 규모도 확대되었다. 패류인 가리비, 굴, 전복 등이 양식에 성공하였다. 어민은 과거에 부족했던 소득수준이 크게 향상되었다. 어민, 이제는 가난을 벗어났다. 바다목장이 펼쳐질 것으로 전망된다. 어민이 가진 자신들만의 독특한 공동체 문화를 잘 지켜나간다면 그들의 자부심과 삶의 행복감이 높아지지 않을까.

제4부

간절한 소원

고지전

 '첫술에 배부를 수 없는 것'처럼 대학 4년간의 전공 분야를 바꾸어 다시 시작하는 데는 용기가 필요하다. '시작이 반이다'라는 격언은 백리 앞의 목적지도 출발하면 언젠가는 도착을 알리는 시간이 온다는 것을 의미한다. 아들의 생애에서 직업을 결정하는 순간에 또 다른 용기는 두고두고 빛날 수 있는 의사결정이 되지 않겠는가. 그에게는 교수직업을 꿈꾸면서 추구하는 학문을 완성하고 후학들에게 가르칠 곳을 찾는 일이 무엇보다 중요하지 않을까.

 그는 노스캐롤라이나대학에서 경제학 박사학위과정을 시작했다. 나는 아들이 새롭게 전공을 바꾸어 통계학 석사학위를 마쳤기에 미시경제분석, 거시경제분석, 계량경제학접근 등이 훨씬 쉬워질 것으로 생각한다. 이론적인 기초에 분석 도구까지 갖추게 되면 대학원 공부가 흥미로워지기 마련이다. 그가 경제학 석사학위 졸업식이 있다고 연락해 와서, 내외가 직접 미국에서 축하와 격려를 해주기 위해 찾아갔다. 가족 셋이서 아늑한 식당에서 저녁 식사를 하고 경치 좋은 언덕의 커피숍에서 가슴속에 묻어두었던 이야기의 실타래를 풀기 시작했다.

  그가 유학하면서 4년 동안 두 대학에서 공부에 찌들어 숙식에서부터 외로움을 겪었을 장면들을 떠올려 보았다. 인생을 살아가는데 공부가 전부가 아니다. 이제 생각의 폭을 넓혀 사회를 바라보면서 자유롭게 생활하도록 아들에게 기회를 주는 게 좋지 않겠느냐고 부부간에 대화를 나누었다. 취업하는 데는 통계학 석사와 경제학 석사학위를 가지고 있으면 미국에서 충분히 좋은 기업에 취업할 것이다. 이제는 좋은 회사에 들어가서 미국 사회에서 인정을 받으면서 인생을 즐겁게 살아가는 것이 좋지 않겠느냐고 그에게 제안했다. 그는 이 제안을 '공부 그만하라'라는 뜻으로 해석하고, 정색으로 부모의 따뜻한 '풀어주는 제안'은 받아드릴 수 없다고 했다. "내가 공부 계속해서 박사학위를 받고 어머니, 아버지처럼 교수가 되고 싶다"고 했다. 나는 그가 계속 공부하겠다는 강력한 의지를 밝히는 것을 확인하는 순간에 마음속으로 기특하다는 생각과 더불어 엄청난 기쁨을 느꼈다.

  이제 의지를 확인했으니 함께 한국으로 돌아가서 경영학 박사학위를 어느 대학에서 할 것인지를 논의하자는데 그는 동의했다. 한 달 가량의 시간이 있어서 그는 대학교 선정에서부터 기대에 부풀어 있었다. 경영대학의 박사학위과정 입학은 매우 어렵다. 일반적으로 경영대학은 일 년에 3-5명 정도로 박사과정 입학생 수를 한정함으로써 박사학위의 공급을 제한하고 있다. 경영학 교수의 급여는 일반 교수 급여의 2-3배 정도로 높은 수준이다. 미국에서는 법과대, 의과대에 이어 세 번째 어려운 대학이 공과대와 경영대다. 미국에는 총 4,800여 개 대학이 있는데 가장 좋은 대학으로는 하버드, 예일 등 동부에 있는 50여 개 사립대와 서부에 있는 스탠포드 또한 사립대다. 미국의 주립대는 100개 대학으로서 미국 순위가 51위에서 150위의 범위에 속해 있다. 캘리포니아대는 주립대로 여러 곳에 분산되어 있으며, 버클리 캠퍼스만 순위 50위에 속한다.

그는 시라큐스대학 경영대 박사과정에 입학했다. 이 대학은 뉴욕주에 있는 순위 68위의 사립대다. 박사학위과정을 이수하고 논문을 작성하는 데 시간이 좀 걸렸지만, 그는 졸업을 앞둔 시점에서 교수 자리를 알아보고 있다는 연락을 해주어서, 내외가 미국의 교수 채용과정을 알아보고 싶어서 뉴욕 시라큐스를 방문했다. 교수채용은 학자적 자격과 능력을 확인하고 직접 연구발표와 인터뷰를 통해서 현장에서 검증하고 인성을 확인하는 절차 등이 필수다. 최종심사를 완료하면 학과장이 전화로 확정된 당사자에게 알려주며, 추후 서신으로 통보를 해준다.

리하이대학 경영대 조교수로 채용이 확정되었다. 펜실베이니아에 있는 순위 38위의 사립대다. 얼마 후 시라큐스대 졸업식장에서 해프닝이 하나 있었다. 졸업식장에서 그 많은 청중 앞에서 경영대학장이 공개적으로 아들 이름을 호명하여 자리에서 일으켜 세웠다. "김태완 군이 리하이대 경영학 조교수가 되었다"고 큰소리로 발표하자 장내가 박수 소리로 가득 찼다. 68위 대학이 38위 대학의 교수를 배출했다는 자부심으로 발표한 데 대하여 공감하는 분위기였다. 그는 그 대학에 재직하면서 교수 경험을 쌓고 전공 분야의 학술논문을 톱 학술지에 게재하는 영광을 얻기도 했다.

미국 교수 5년 차에 귀국해서 그는 대학에서 연구발표와 인터뷰하는 과정에서 여러 교수가 영어를 잘한다고 하면서, 미국에서 고등학교나 대학교를 나왔느냐고 묻기에 한국에서 대학 졸업하고 바로 갔다고 했다. 특히 젊은 교수들은 아시아권을 뛰어넘는 영어 수준이라고 칭찬했다. 나중에 내가 그에게 영어를 잘하게 된 이유를 물어봤다. "한국 사람들은 연구 발표할 때 슬라이드마다 영어설명문을 써놓고 외워서 발표준비를 한다." "저는 키워드 단어만 기억하고 그 장면을 설명할 때는 여유를 가지고 답변을 합니다"라고 했다. 다른 하나는 가르치는 대학의 98% 학생이 백인이어서 '영어 발음에 많은 신경을 쓰면서' 학교생활 한 것 때문에 그런 결과가 나온 것 같다고 했다.

새롭게 출발해서 주변이 시끌벅적한 가운데 반환점에 도착하니 기업에서 스카우트 의욕을 내비친다. 그는 긴 여정에서 중도하차 명령처럼 느껴져서 받아들일 수가 없었다. 그는 '대기만성하면 어떠하리', 목적한 바로 '초지일관'하는 자세로 재충전하였다. 가정도 갖고 새로운 자녀도 얻었다. 삶의 무게를 느끼면서 논문의 완성에 대한 책임감도 새겼다. 고지전의 도전은 졸업 후 명문대학교에서 재직하면서 교수의 경험을 쌓는 일이었다.

간절한 소원

시장을 찾아갔다. 양복을 입은 키 작은 비서가 일어서며 맞이한다. 어디서 왔느냐고 묻길래 K대학에서 왔다고 답했다. 무슨 일로 방문했느냐고 다시 묻는다. 의성 김씨 사빈서원 이건문제로 방문했다고 했다. K대학과 무슨 관계가 있느냐고 물었다. 내가 K대학 교수인데 의성 김씨 문중회장을 맡고 있어서 우리 문중이 당면한 사빈서원 문제를 말씀드리려 한다. 그제서야 비서가 알아듣는 눈치다. 문고리를 쥐고 있는 그는 문중이라는 말에 감을 잡은 듯했다. 차라리 무슨 용무로 왔느냐고 물었으면 한마디로 답할 수 있었을 것. 신분과 용무를 한 번에 알고 싶어하는 심리에서 빚어진 일이 아닐까.

시장을 만나면 딱히 부탁할 말이 없다. 이분을 만나면 내가 하는 말은 '사빈서원 이건문제로 왔습니다.' 뭐 해달라는 요구가 없다. 언제, 어떻게, 왜 해달라는 언급을 하지 않는다. 그냥 정중히 답변만 듣고 돌아올 뿐이다. 단지 할 말은 헤어질 때의 인사말 '잘 부탁드립니다' 뿐이다. 오늘 방문해서도 똑같이 설명만 듣고 어김없이 '잘 부탁드립니다'는 말만 남긴다. 나는 사빈서원이라는 문화재 이건복설 과정의 복잡성과 장시간이 소요됨으로 인한 것이 아닌가 생각해본다.

　안동지역의 의성 김씨 문중회장이 되면서 나에게 주어진 과제는 시 도의 행정 담당 관료들과의 원만한 관계를 유지하며 사빈서원 이전을 가능한 빠른 시일 내에 무리 없이 진행하는 일이었다. 사빈서원 이건중건 발의는 임하댐 하류에 소재하는 사빈서원은 장마철이면 습한 지역이어서 문화재 보존을 위해 내앞 비리곡으로 이전해야 한다는 의견서가 시 당국에 제출되었고, 이전 예산은 중앙정부와 지방정부의 지원예산을 합쳐 20억 원을 확보해둔 상태였다. 확정된 정부의 예산을 집행하는 데는 절차문제가 까다롭다. 특히 문화재 이전은 오래된 목조 건축물이어서 해체과정과 복설이 매우 까다롭고 시일이 오래 걸려서 그런 것이 아닐까. 여론을 중시하기에 문중에서 단결된 모습을 보여주는 것이 중요하다. 문중에서 어떤 불미스러운 사례라도 발생하면 관료들 입장에서는 부정적인 시각을 갖기 쉽다. 부정적인 여론이 존재하면 추구하는 일이 지연되거나 우선순위에서 멀어지기도 한다.

　행정절차는 담당자가 단계별 공사내용을 기안해서 계장, 과장, 국장의 결재를 받은 후 시장실에 제출된다. 동시에 이 안은 예산을 포함하기 때문에 시의회에 회부된 후 시장실에 보고된다. 시장이 결재한 안은 도에 제출된다. 사빈서원의 주사 강당 묘우 전사청 동제 서제 문루 등 8개의 공사는 예산 내역별로 최종확정되기까지는, 위의 행정절차를 거친다. 한 예로 2.5억 원 규모의 주사 이건안의 상정은 시의회에서 부결되었다. 같은 회기 내 재상정이 불가하므로 1년을 기다린 후 재상정되어 시의회를 통과하고 시장이 결재한 후 도에 보고되었다. 도의회에서는 무난히 통과되어 도지사의 최종재가를 받고 난 후에 시장이 입찰절차를 거쳐 업자 선정 후 공사시행에 들어갔다. 일 년 반이나 소요됐다. 이를 감안하면 사빈서원 이건공사 8개를 모두 완료하려면 얼마나 많은 시간이 필요할까. 이에 대한 묘수를 찾아내야만 할 것 같은 생각이 든다.

 시장의 우선순위 결정을 포함한 방침을 파악하는 것이 실무자로서는 행정처리를 원만하게 수행할 수 있는 지름길이다. 담당자 입장에서는 시장의 방침을 먼저 지시받기를 희망한다. 그렇게 해야 상급자들의 결재받기가 수월해지고 시의회 통과도 거의 보장되기 때문이다. 도의 경우도 비슷하다. 도 문화재국의 공무원을 면담해 보면 매년 집행할 수 있는 문화재 예산은 한정되어 있는데 배정해야 할 문화재복원예산 규모가 훨씬 크다고 한다.

 사빈서원 이건공사를 추진해야 하는 문중회장으로서는 시의 담당자나 과장 국장들을 만나서 의견을 들어보면 답답할 때가 많다. 방법이 마땅하지 않으니 최종 책임자인 시장이나 도지사에게로 발걸음이 향할 수밖에 없다. 그동안 절차에 대한 대답을 수없이 들어왔다. 한없이 기다릴 수만은 없는 입장이라는 것을 느껴서 시장을 외부 음식점에서 만나기로 약속한 적이 있다. 대화와 식사가 끝난 후 시장이 식대를 지급했다. 시장은 나를 배려한 처신이었지만, 오히려 나는 사빈서원 문제를 제대로 대화하지 못한 상황이었다. 나는 기회를 날려버린 셈이다. 그 후 도지사실에 들러 도지사에게 문화재 이건공사에 협조해달라는 의견을 제시하자 실무자들이 예산배정안을 가져오면 협조하겠다는 입장을 듣고 자리에서 일어났다.

  문득 이런 생각이 떠올랐다. 시장이나 도지사는 내가 방문하면 잘 만나주기는 한다. 문제해결과는 거리가 멀다는 느낌을 지울 수 없다. 문제를 해결할 수 있는 진짜 방법을 찾아야 하지 않을까. 시장과 도지사로 하여금 도와주고 싶은 마음이 우러나오게 만들어야 했다. 이를 위해서 두 차례의 특강을 시도하였다. 학생들에게 강의 도중에 안동시장을 떠올렸다. 그는 안동을 정신문화의 수도라고 이야기한다. 시장은 학생 400명을 상대로 멋진 강의를 했다. 독도 관리위원장을 맡고 있는 도지사는 대학교에서 강연을 폭넓게 하는 분이라고 소개하니 학생들이 초청하자고 제안하였다. 21세기 국가발전에 대한 도지사의 강연은 흥미진진한 가운데에 독도에 대한 우리의 관심을 한껏 끌어올렸다. 이 특강에는 무려 601명이나 경청했다.

  문중회의에서 나는 지난 1년 동안에 시장과 도지사를 K대학교에 초청하여 특강을 개최하였다고 보고했다. 사빈서원 이건복설에는 두 분의 긴밀한 협조가 절실했기 때문이다. 예상대로 모든 것이 잘 진행되었다. 이 행사가 우리 문중에게는 최고의 로비활동이 된 것처럼 좋은 결실을 보게 되었다. 사빈서원 이건은 이로부터 1년 6개월 사이에 모든 공사가 완료되었다. '간절한 소원'이 이루어지는 기적이 일어났다.

내일을 위한 하루

 몸과 마음을 알면 건강이 보인다. 병원에 가지 않고도 건강을 유지할 수 있어야 한다. 그러기 위해 나만의 건강을 지키는 노우하우를 찾아내서 실천에 옮긴다. 먹고 싶으면 먹고 자고 싶으면 잔다. 또 일하고 싶으면 일하고 쉬고 싶으면 쉰다. 그중에서 규칙적인 운동과 식사를 잘 챙겨 먹는 일이 으뜸이다. 몸에 맞는 음식을 먹고 영양보조제를 매일 섭취한다. 일상생활에서 신체의 바른 자세를 유지한다. 위장과 대장 기능을 도울 수 있는 배 마사지와 몸의 긴장을 완화해 주는 손 마사지, 그리고 전립선 마사지는 수면을 도와주기도 한다.

 누구나 건강을 유지하는 것은 자신의 책임이다. 구태여 병원에 가지 않고도 건강을 지킬 수 있는 자신만의 방법을 찾아내서 실천에 옮기는 것이 좋다. 이를 과학적이라고 말할 수는 없으나, 의사들도 이를 무시하기는 어렵다. 긍정적인 마인드에 근거한 건전한 행위들이기 때문이다. 병원에 입원하기만 해도 의사, 간호사가 수시로 돌본다는 안정감으로 많은 환자가 치료되는 경험을 해보지 않았는가. 병원에서 입원환자 치료비율은 40-30-30이라는 말이 있다. 의사가 치료해서 완치하는 확률 40%, 입원 중에 저절로 완치되는 비율 30%, 그리고 나머지 30%는 현대 의학으로는 치료가 불가능하여 신경정신계 환자로 분류한다. 그래도 누구나 심각한 질환이 발생하면 병원으로 달려가는 것이 현실이지 않은가. 완치될 확률이 70% 이상이기 때문이다.

식약동원食藥同源은 음식과 약의 근본이 같다는 말이다. 매일 균형 있게 잘 먹어야 건강할 수 있다. 노년기에는 신체 근육이 빠져서 하루 단백질 80그램이 필요하다. 검은콩과 사과는 가장 소중한 식재료다. 인간이 무인도로 여행 갈 때 한 가지 곡물과 과일을 가지고 가야 한다면, 추천할 수 있는 것은 검은콩과 사과라는 말이 있지 않은가. 의사들이 권장하는 건강기능식품은 현대인들에게 필수다. 영양보조제라는 용어가 적절해 보인다. 선진국에서 매일 챙기는 영양보조제는 종합비타민, DHA 오메가3, 칼슘과 마그네슘, 비타민D, 비타민E 등 다섯 가지다. 특히 생선을 일주일에 두 번 이상 먹지 않으면 오메가3를 권장한다. 칼슘과 마그네슘 부족은 유제품이나 견과류가 필요한 이유이다. 그 외에도 조인트 헬스를 위한 프리무브, 면역성을 높여주는 홍삼, 위장과 대장을 위한 양배추즙과 프로바이오틱스는 결정적인 도움을 준다.

건강을 위해 신체의 바른 자세를 유지하는 것도 중요하다. 허리를 반듯하게 펴고 생활하면 좌골신경통이나 척추협착증과 목디스크 예방에 효과가 있다고 한다. 이는 일상에서 소파 생활은 가능한 한 피하고 의자에 앉을 때는 엉덩이를 의자 뒷면에 바짝 붙여 앉는 '바른 자세'를 말한다. 또 걸을 때도 고개를 숙이지 말고, 가슴을 쫙 펴고 정면을 바라본다. 동절기에 취침할 때는 목에 수건을 감는다. 목 주위의 온도를 높여 코나 목구멍으로 바이러스가 침입하는 것을 막기 위함이다. 그리고 발에 수면 양말을 착용하면 심장에서 먼 발까지 혈액순환이 잘된다고 한다.

 배 마사지는 배꼽을 중심으로 시계방향으로 배를 가볍게 문지르는 방식이다. 이는 배를 따뜻하게 하고 위장이나 대장의 기혈순환을 도와준다. 변비가 해소되고 기초대사율이 높아져 다이어트에도 도움이 된다고 한다. 손발 마사지는 손발을 만져주고 눌러줌으로써 몸 전체의 긴장을 완화해 준다. 손가락 끝 부위 양옆을 눌러주면 혈액순환이 잘 되어 손이 따뜻해지는 것을 느낄 수 있다. 손발이 찬 경우는 추위에 혈관이 수축하여 혈액공급이 줄어들어 발생한다. 이때는 몸 전체를 따뜻하게 해야 한다. 이 말은 근본치료가 어려워 환자의 생활습관을 바뀌게 하는 제안으로 보인다.

 전립선 마사지는 전립선 주변의 피부를 문지르는 것에 불과하지만 밤중에 화장실을 가지 않을 수 있다. 옛날에 할머니들이 손자의 고추 밑을 쓰다듬어주던 느낌이 바로 전립선 마사지다. 귓불을 몇 차례 당겨주고 귀를 털어주는 것은 몸의 안정은 물론, 치매 예방에 좋다고 한다. 잇몸 마사지는 죽염으로 양치질하면 그 효과가 뛰어난 것을 체험한 바 있다. 특히 눈이 침침할 때는 양 손바닥을 비벼서 열이 난 상태로 눈에 대고, 이를 세 번 정도 반복하면 다음 날부터 깨끗하게 멀리 볼 수 있다. 나의 체험으로 얻은 결과다.

밤에 잠이 오지 않아 고통스러울 때가 있다. 수면제는 근본 치료제가 아니며 부작용도 있다. 나는 수면을 돕는 멜라토닌을 매일 취침 30분 전에 복용한다. 선진국에서는 건강보조제로 쉽게 구할 수 있으나 한국은 반입을 금지하고 있다. 미군이 개발한 불면증 해소법은 몸의 긴장을 풀고 모든 근육을 이완시킨다. 또 아무 생각 않고 '모든 것을 내려놓는다.' 이렇게 하면 잠이 쉽게 온다고 한다. 불면증에는 치료제가 없다. 잠자리에 든 지 30분이 지나도 잠이 오지 않는다면 잠자리에서 나와 성경책을 읽는다. "하늘에 계신 우리 아버지… 아버지의 뜻이… 땅에서도 이루어지소서!" 얼마의 시간이 지난 후 다시 잠을 청하자 잠이 스르르 오기 시작한다. 성공이다.

건강을 위해 나는 자발적으로 실천한다. 몸을 아끼고 사랑하며, 먹고 자고, 또 일하고 쉬는 행위는 몸의 반응에 맡겨두라. 그러면 만병의 근원이 되는 스트레스는 사라지지 않겠는가. 뚜렷하게 드러나지 않는 내면의 노력이 독자에게 전달되면 흐뭇할 것 같다. '내일을 위한 하루'의 노력 덕분에 나는 여러 차례 종합 건강검진에서 건강에 아무런 문제가 없다는 판정을 받아왔다. 어떤 지적도 없었다. 이 얼마나 놀라운 일인가.

가르치지 않는 것들

우리는 평생교육 시대에 살고 있다. 오랜 교육과정을 통해 배우고 연구하는데도 불구하고, 교육기관에서 가르쳐주지 않는 것이 있다. 매우 충격적이다. 우리는 자신이 누구인지도 알지 못하고 살아가고 있다. 바로 '깨달음'에 대해서는 학교에서 가르치지 않는다. 내가 깨달음을 얻으면 자신을 알게 된다. 또 깨달음의 수준을 유지할 수 있게 된다면, 나는 인간답게 올바른 삶을 살아갈 수가 있다. 행복한 환희가 나를 기다리고 있지 않은가.

인간은 자기 본성을 모르고 살고 있다. 인간을 깨어나게 하기는 쉽다고 한다. 하지만 계속 깨어 있게 하기는 대단히 어렵다고 한다. 'God I Am' 책에서 저자 피터 에르배는 '나는 누구인가'라는 물음을 던지는 이유는 정체성 없이 살아가고 있는 나를 깨우치게 하기 위함이다. 고대의 지혜는 '사람들이여, 너 자신을 알라, 그러면 너는 우주의 주인이 되리라'고 말했다. 자신을 모르고 산다는 것은 어둠 속에서 사는 것이다. 사람들은 이 사실조차도 모르고 있다. 1980년대 초

한국에서 유명한 스님 한 분이 미국 뉴욕을 방문했다. 그 스님은 폭스방송국의 짐 로버츠 기자로부터 생방송 중에 "오늘날 세상에서 가장 구역질 나는 게 무엇입니까?"라는 질문을 받는다. 스님은 한참 있다가 "Who are you?"라고 답한다. 스님의 대답은 인간의 본질적인 내용을 제시하고 있다. 오늘날 우리는 자신이 누구인지를 모르고 살고 있다. 독자 중에서 본인이 누구인지를 아는 사람은 대단히 지혜롭고 이미 깨달음을 얻은 사람이다.

깨달음의 핵심은 내 마음속을 깊이 들여다보면서 나의 생각과 감정, 오감이 일어나는 것을 '알아차리는 것이다'. 바로 '생각 이전'의 자리를 확인하면서 내가 누구이고 무엇을 위해 살고 있는지를 아는 것이 중요하다. 마음속을 제대로 들여다보기 위해서는 준비절차와 과정이 뒤따른다. 확인하는 방법과 깨어 있는 상태를 유지하면서 올바른 행동을 할 수 있도록 해주는 과정을 이해할 필요가 있다. 학교에서 다루지 않는 이유도 부처나 하느님과 같이 신의 영역에 해당하여 우리기 실제 생활 속에서 따르고 지키기 어려움에서 비롯된 것이 아닌가 한다.

진정한 나는 무엇인가를 알려면 자신을 '생각 이전'의 상태로 돌려놓아야 한다. 생각을 차단함으로써 비로소 나를 경험할 수 있다. 그 느끼는 자리가 참나다. 나는 참나를 알아차리게 되면 깨달음을 얻었다고 확신한다. 그곳은 생각할 수 있는 대상이 아니다. 깨달음을 원하면 그것 자체가 실수가 된다고 한다. 또 다른 사람의 생각과 아이디어로 쓰인 글을 읽고 깨달음을 얻고자 한다면 자신의 마음속을 제대로 알아낼 수가 없다. 다시 말하면 말과 글, 생각으로는 깨달음을 얻을 수 없다는 것을 의미한다.

내가 누구인지를 밝혀주는 것은 어떻게 알 수 있는가. '나는 누구인가'라고 물었을 때 나 자신의 마음속에는 아무것도 없다. 그곳은 텅 비어 조용한 공적空寂 상태이고 신령스러운 앎인 영지靈智의 자리이다. 이곳은 형태도 없고 이름도 없다. 어떤 사람은 이곳을 부처, 신, 성령, 양심, 참나라고 부른다. 선禪 Zen Buddhism은 우리 인간의 내면을 밝혀낼 수 있는 가르침의 모음이다. 신학 철학도 아니며 더구나 종교도 아니다. 그것은 나에게 인생의 목표를 알려주고 길을 가르쳐주는 역할을 한다. 왜냐하면 나는 자신이 누구인지를 알지 못하고, 어떤 근거로 살아가야 하며, 왜 살아야 하는지도 알지 못하기 때문이다.

진정한 나를 깨닫는 방법은 무엇인가? 그것은 생각, 감정, 오감에 관심을 기울이지 말고 오직 '모른다'로 일관하는 것이다. 자신의 이름이나 신분, 직업 등을 전부 잊어버린다. 그리고 단순히 나는 '몰라'라고 말하면서 모든 것을 내려놓는다. 생각, 감정, 오감에는 일체 집착하지 않는다. 그것들이 일어나고 사라지는 것을 '알아차리'는 자리, '생각 이전'의 자리에만 관심을 집중한다. 내가 참나 자리를 찾지 않아도 이미 텅 비어 신령한 앎의 자리인 그곳은 마음속에 작용하고 있다. 차라리 모르겠다고 일관한다. 이게 도대체 뭐야, 내가 좀 알아봐야겠는데 하면 더 감춰진다. 명상을 통하여 우리는 그 자리의 실체를 확인할 수 있다. 이것이 참나를 깨닫는 비결이라고 생각한다.

성직자, 교육자 등 사회 저명인사들에게 어려운 사회문제나 정치문제를 문의해 보면 하나같이 즉답을 하지 않고 한참 뜸을 들인 후에 답하는 장면을 목격할 수 있다. 조선시대의 명현들로부터도 같은 장면을 엿볼 수 있다. 왜 그런 장면을 연출할까. 데이비드 호킨스(1995)에 따르면 이들은 의식수준이 1,000 이상으로 높은 위치에 있는 사람들이다. 그들은 내적으로 깨어 있는 경敬의 마음 상태로 생각 이전의 상황에 이르러 본인의 생각, 감정, 오감에서 비롯되는 행동을 대입시켜 정의와 일치하는지를 지켜본 후 일치한다는 판단이 선 경우에만 외부로 정의義의 실천으로 말해주는 것을 볼 수 있다. 이 과정 전체가 생각 이전의 깨달음에서 시작하여 깨달음을 유지한 상태에서 생각, 감정, 오감에 따른 결정이 올바른 것인지 확인한 후 의로운 것을 따라 행동으로 옮긴다.

인간으로 올바르게 살아가는 길은 무엇인가? 내가 참나 상태로 깨어나고, 깨어 있음을 유지함으로써 올바르게 행동하는 일이다. 올바른 행동이란 마음속에서 알아차리는 자리인 참나에게 문의하여 생각과 감정이 지배하는 많은 행동 중에서 자명하다고 판명된 것이다. 내가 깨어 있는가를 판단하는 기준은 텅 비어 있는 앎의 자리인 참나를 확인하는 일이다. 다음으로 생각, 감정, 오감이 지배하는 행위가 자명한 지를 물어본다. 거리낌이 없다면 이것이 바로 양심의 소리이므로 그대로 실천하면 된다. 정의는 '나는 남이 싫어하는 것을 하지 않는' 것이다. 동시에 내가 싫어하는 것을 남에게 강요해서도 안 된다. '사랑은 자신이 받기를 원하는 대로 상대방에게 베푸는' 것이다. 이것이 양심의 명령에 따르는 것이 아닐까.

나의 사랑하는 시간

여가활동의 즐거움은 스스로 만끽할 수 있다. 그것은 행위 자체나 여럿이 어울려 활동했을 때, 또는 개별적 만남이나 단체모임 등에서 비롯된다. 단독으로 그 즐거움을 얻는 경우도 흔하다. 읽기, 글쓰기, 악기연주, 음악감상 등에서다. 창작활동은 혼자서 조용히 사색과 상상의 세계를 펼치는 중에 창의적인 결과가 초래된다. 하루를 보내며 자유롭게 쓸 수 있는 시간에 내가 느낀 인생의 희열은 무엇인가.

'노세 노세 젊어서 노세, 늙고 병들면 못 노나니'라는 옛 노래 가사는 여가를 통한 즐거운 행위의 소중함을 일깨워 준다. 흥겹고 신나게 노는 활동을 떠올리게 한다. 어떻게 하면 잘 놀 수 있을까. 모든 사람은 하루 24시간을 가지고 살아가고 있다. 여가도 마찬가지다. 여가는 '개인이 자유롭게 이용할 수 있는 시간'이다. 매일 일하는 8시간, 잠자는 8시간을 뺀 나머지 8시간 중에서 생리적으로 요구되는 식사, 세면, 화장실 시간을 제외한 시간이다. 하루 중에서 6시간에 불과하다. '스스로 원하는 것을 하는 시간이다'. 여가활동은 그 종류가 다양하다. 실내에서 이루어지는 유희 활동이 있는가 하면, 실외 활동으로는 스포츠활동에서부터 산책, 등산, 골프, 여행 등 다양하다. 여가를 즐기기 위한 종목 선택은 개인의 취미와 성향 그리고 경제적 여건에 따라 달라진다.

사람들은 경제성장에 따라 소득이 높아지면 비용이 많이 드는 승마, 골프, 보트타기, 해외여행 등을 선택하는 경향이 늘어난다. 특히 개인이 자유롭게 지출할 수 있는 가처분소득이 증가할수록 그 가능성은 더욱 커진다. 이는 개인이 일하는 시간을 얼마나 생산성이 높은 직업에서 종사하느냐에 따라 다르다. 그래서 학교에 다니면서 열심히 공부하고 자신의 능력을 키우기 위해서 과외수업도 받지 않는가. 심지어 잠자는 시간까지도 줄여가면서 공부에 열중하지 않는가. 여가활동은 조직에 가입해서 단체로 실행하면 더욱 흥미롭고 오랫동안 지속할 수 있다. 그렇기에 누구에게나 정기적 단체모임은 여가생활을 풍요롭게 해준다.

나는 골프모임에 월 4회 참여하는데 가장 잘 선택한 여가활동이라고 생각한다. 골프는 전신운동으로 노년에도 할 수 있다. 경기하는 네 다섯 시간 동안은 모든 참가자가 18홀 필드를 지나는 과정에서 잔디밭을 7-8km를 걷게 된다. 하루 운동량 목표인 만 보 걷기는 충분하다. 여러 팀으로 구성된 친구들과 친선을 돈독히 하면서 즐겁게 운동하고, 연회를 곁들인 행사이므로 만족도는 높다. 골프는 집중훈련을 통해 기본기를 잘 익혀 두면 언제나 즐길 수 있는 운동이다. 나는 처음 3년 동안에 여름 한 달씩은 아침 9시에서 저녁 8시까지 연습했다. 요즘은 연습하지 않고 이미지 골프에 의지하고 있다. 왼쪽 무릎과 어깨를 살짝 앞으로 밀면서 드라이버를 완전하게 백스윙하고 멈추기, 드라이버나 우드는 공 뒤에서 치기 위해 머리를 오른쪽에 남겨두기, 아연 거리를 위해 완전한 백스윙하기, 아연을 똑바로 보내기 위해 머리 위치를 고정하기, 숏 아연 볼을 핀에 붙이기 위해 클럽 헤드 무게로 스윙하기 등을 유념한다.

등산모임은 월 2회 참석하는데 나는 격주마다 산우회 일정을 통보받으면 '참석합니다'라는 답장을 보낸다. 그날이 오면 배낭을 꾸려 집을 나선다. 등산은 회원들이 산을 오르면서 동료들 간에 친목을 도모하고 즐거움을 추구한다. 반면에 등반하는 날은 높은 산 정상까지 오른다. 나는 중년시절부터 지금까지 안암산우회에 참석해 오고 있다. 오래된 모임으로 회원들 간에 친숙하게 지내온 관계여서 등산하는 날은 항상 즐겁게 모여서 반가움을 표시한다. 회원들의 연령이 높아짐에 따라 최근에는 둘레길 중심으로 산행하고 있다. 일일 등산 시간도 3시간 정도로 줄어들었다. 등산 후 함께 점심 식사를 하면서 즐거운 환담을 나눈다. 등산 코스는 서울 주변의 명산 중에서 선정한다.

창작반 수업은 유명 수필가의 권유로 내가 선택한 정신수양 시간이다. 시, 수필을 쓰는 저명작가들과 함께하면서 매주 목요일 수생반의 수필 쓰기 강의는 나에게 매우 유익하다. 또 다른 단체 모임은 세 번이며 정기적으로 만나서 정담 나누는 곳으로 절대로 빠질 수 없다.

나는 한 달 중에서 21일은 전일을 소비하는 정기모임 약속으로 매우 바쁘게 지낸다. '백수가 과로사로 세상을 떠났다'는 신문 보도가 나에게도 적용되지 않을까 염려스럽기도 하다.

정기모임이 없어서 외부활동을 하지 않는 날 9일은 하루 8시간씩 자유로운 시간을 더 갖는다. 이에 추가하여 나는 하루에 여가로 여섯 시간을 활용하고 있다. 자유시간을 빌미로 나에게는 화투나 카드놀이로 밤샘을 빈번하게 하는 도박의 유혹이 기다리고 있다. 또 그룹을 형성하여 댄스홀에 나가면서 밤새워 음주와 가무를 즐기는 무리에 휩쓸릴 수도 있다.

그러나 이날은 산책으로 주당 3-4회에 걸쳐 40분씩 건강을 위해 걷는다. 독서는 신문과 시, 소설, 수필 읽기에 하루 한두 시간을 소비한다. 유튜브, UFC 경기, 바둑 시청 등으로 몇 시간을 사용한다. 나는 여가활동을 올바르게 선택했기 때문에 도박이나 음주와 가무의 유혹에서 벗어날 수 있었다. 그나마 다행이지 않은가.

나만의 시간은 즐겁다. 앞으로 풍요로운 삶을 위해 여가활동에서 무엇을 더 바라겠는가. 외부활동이 없는 날이나 정기모임이 끝나고 귀가한 후 TV 바둑을 시청하거나 스포츠 관람이나 음악감상을 하면 즐거움이 두 배가 된다. 그뿐이 아니다. 혼자서 생각하고 글 쓰고 읽기를 할 때 이 시간은 금쪽같이 소중하고 빛난다. 특히 글쓰기를 위한 사색의 시간을 갖거나 상상의 날개를 펼 때는 더욱 그러하다. 이 시간도 오래 반복된다면 외로움을 느낄 수 있지 않을까. 그러나 지금은 바쁜 일상을 보내다 보니 나만의 시간에 오히려 집중할 수 있어서 만족감을 느낀다고 해야 하지 않을까.

어머니의 자긍심

 한국은 인구가 줄어들어 초중고등학교와 시읍면이 소멸 위기에 직면해 있다. 과거 70년 동안에 경제선진국 그룹에 진입할 수 있었고, BTS 영화 드라마로 한류는 문화선진국으로 발돋움했다. 그동안 선진국을 향해 미친 듯이 질주하다가 갑자기 인구절벽을 만나니 앞날이 캄캄하다. 저출산 고령화로 국가소멸의 징후에서 벗어나는 길은 무엇인가. 여성의 지위를 높이고 출산한 여성을 우대하고 존경하는 사회를 만드는 일이다. 어머니의 관심이 큰 자녀교육문제를 적극 지원해야 하지 않을까.
 우리나라는 국민의 높은 교육열과 자유 시장경제의 경쟁력을 무기로 금자탑을 쌓아 올려 세계의 찬사를 받고 있다. 가장 가난한 나라에서 수출로 경제선진국으로 진입하고 기술로 재래식 군사력 세계 5위를 달성했고, BTS 영화 드라마 등 한류로 문화선진국으로 자리매김했다. 그럼에도 불구하고 한국의 미래는 밝지 않다. 시야가 뿌옇고 앞이 잘 안 보여 빨리 달릴 수가 없는 형국에 처해 있다. 국가안보와 국가소멸 위기에 직면한 나라로 바뀌고 있기 때문이 아닐까. 국가 영토를 지켜줄 병력자원이 급속히 줄어들고 있다. 군대 갈 사람이 없어서 국가를 지켜낼 힘이 모자라는 나라가 되었다. 그래서 남자 징병의무제와 마찬가지로 여자 징병 의무제 채택이 요구된다는 메아리가 울려 퍼지고 있는 것이 사실이지 않은가.

국가는 빠른 속도로 소멸하고 있는 느낌이 든다. 출산율이 2.1%는 되어야 국가가 유지 보존될 수 있는데 현재 우리나라는 0.72%이다. 세계에서 출산율이 가장 낮은 나라이다. 초중고등학교가 빠른 속도로 없어지고 있으며 인구 감소로 지방 도시들이 소멸하고 있다. 그뿐이 아니다. 우리나라 경제 모든 면에 영향을 미치고 있다. 소비가 줄어들고 저축과 투자감소로 이어져서 내수시장이 위축된다. 이처럼 경기가 위축되면 끝내 경제성장이 둔화하게 된다. 이는 고용에도 영향을 미쳐 일자리가 감소하고 실업률을 증가시키게 된다. 출산율 저하와 고령화가 진행될수록 국가 경제는 잃어버린 10년, 20년의 시대가 오게 됨은 불을 보듯 뻔하지 않은가. 이 추세가 계속 이어진다면 앞으로 한국이라는 나라는 초라한 상태로 쪼그라들어 언젠가는 없어질지도 모르는 위기에 직면하게 될 수도 있다.

미래의 어머니가 될 여성들이 이제 이 문제에 답할 차례이다. '결혼하기도 싫고 애기 낳기도 싫다'는 반사회적 풍조를 빗대는 이 말은 우리가 어떻게 받아들여야 하며, 또 언제까지 계속 들어야 하는가. 이 내용이 진정이 아니기를 바라는 심정이다. 출산율 문제를 포함하여 진정한 삶의 가치는 무엇이라고 생각하는가. 또 인생의 목표는 무엇인지 묻고 싶다. 세계가 우리에게 경제발전에 대한 찬사를 보내고 있는데, 정작 우리는 근본적인 문제조차 해결하지 못하고 있어서 안타깝다. 우리나라 출산율을 높이기 위해서는 여성의 지위를 향상시키고 여성을 우대하는 사회풍조를 정착시키는 데 역점을 두면서 다음 세 가지를 제안하고자 한다. 태어나는 자녀들에게 유치원에서부터 대학까지 교육비를 면제한다. 출산한 여성에게 직장의 채용시험에서 가산점을 주고 직장에서 정년연장을 허용한다. 여성 징집 의무제에 대비하여 출산한 여성에게는 징집을 면제한다.

　우리나라 어머니들의 가장 큰 관심 분야는 자녀교육이다. 유치원부터 초중고에 이르기까지 자녀교육에 쏟는 열정은 세계 최고라고 할 수 있다. 남의 자식들보다 잘 키우려는 경쟁 의지 또한 지대하다. 그래서 어린 유치원생이나 초등학생을 데리고 미국 등 선진국으로 조기유학을 떠나던 '기러기 엄마'의 대유행을 보지 않았는가. 교육에 대한 부모의 관심이 지대하다 보니 투입되는 비용도 상상 이상이다. 가정에서 교육에 쓰는 지출구조가 압도적으로 크다. 자녀를 키우는 데 가장 중요한 것이 보육과 교육에 따른 비용문제이다. 이런 점을 고려하여 신생아부터 대학 졸업 때까지 모든 학비를 국가가 부담해주는 것 이상의 복지가 또 있겠는가. 자녀교육에 매몰된 우리 어머니들에게 국가가 베풀 수 있는 최대의 복지가 될 것은 틀림없어 보인다.

　국가 존립을 결정하는 요인은 여성의 출산율이다. 우리나라 여성은 국가소멸 위기에서 각자 맡은 역할을 충실히 이행해야 마땅하다. 여성 본연의 역할을 회피하는 경우에는 각종 사회적 혜택에서 배제하거나, 사회적 불이익을 주는 방안을 도입할 때다. 우리나라는 자유민주주의 나라여서 여론이 국가발전을 주도한다. 그만큼 시급하고 절실하다는 뜻이다. 동시에 우리 사회는 서구 선진국과 같이 출산한 여성을 우대하고 존경하는 분위기를 만들어야 하지 않을까.

출산율을 높이기 위해서는 출산한 여성에게 모든 직장의 채용시험에서 가산점을 주고, 또 모든 직장에서 정년연장 혜택을 준다. 즉 채용시험에 대한 가산점은 자녀출산 인원수에 따라 5점 7점 10점 그 이상 15점 등이다. 그리고 즉 정년연장의 혜택은 자녀출산 인원수에 따라 3년 5년 7년 그 이상 10년 등이다. 또 여성의 징병 의무제도 도입에 대비하여 출산한 여성에게는 출산 자녀 수에 따라 징병 면제 혜택을 부여한다.

국민의 교육열과 경쟁력이 오늘의 우리나라를 창출한 것처럼, 미래 어머니들이 국민적 신뢰와 존경심을 바탕으로 경쟁적으로 자녀출산과 교육에 참여할 것으로 기대한다. 앞으로 선진경제에서 문화적 선진국에서 세계 어느 나라도 따라올 수 없을 만큼 인간답게 살아갈 수 있도록 안전하고 성숙한 터전을 만들어나갈 것을 의심하지 않는다. 한마음으로 출산한 여성을 우대하고 존경하는 사회 분위기가 조성되면 출산하는 어머니의 자긍심이 스스로 생겨나지 않겠는가.

평창동

 이곳은 내가 지난 50년 동안 마음속에서 살고 싶은 동네다. K대 경영대 원로교수를 만나면서 서울에서 최고의 주택단지인 평창동에 집을 지어 같이 살면 좋겠다는 제안을 받았다. 나는 경제적 여유가 없었다. 가진 것은 살고 있는 주택뿐이었다. 78년에 갑자기 주택이 팔리게 되어 그 돈으로 평창동 대지 320평을 사게 되었다. 그 후 나는 멋진 단독 주택을 짓고 가족과 더불어 평화롭게 살아가는 꿈을 실현하기 위해 노력했다.

 나는 평창동 대지를 확보하면서 만족감이 하늘을 찌를 듯했다. 부동산 투기 붐이 마침 그해에 일어났다. 시간만 나면 평창동에 가는 게 일상이 되었다. 주말이나 주중 할 것 없이 방문했고, 비 오는 날이나 안개 낀 날 또는 겨울철 눈 오는 날도 그곳을 찾았다. 평창동은 우리 가족과 어린 자녀들에게는 마음의 고향처럼 느껴졌다. 주말이면 외출해서 가고 싶은 곳이었다. 평창동으로 드라이브 갔을 때 마침 앞집에 미국인 여자 어린애가 우리 땅 길바닥에 앉아 사금파리로 땅바닥을 그으며 놀고 있었다. 네 살 때인 둘째 딸 지현을 차에서 내려놓으니 금세 그 애와 같이 어울려서 알아들을 수 없는 말을 하면서 친하게 놀고 있었다. 우리 부부는 30분 동안 지켜보면서 어떻게 소통하는지 궁금해 하면서, 그만 놀고 다음에 또 오자고 하면 몹시 아쉬워했다. 외출한 김에 외식이라도 하게 되면 아이들은 더없이 좋아했다.

형질변경 허가를 해주지 않는다는 건축허가의 위기가 찾아왔다. 평창동 주민 5명과 함께 서울시 부시장을 찾아가서 상황을 설명하면서 집을 지을 수 있게 해달라는 요청을 한 적이 있다. 그들은 관청을 방문할 때는 항상 나를 앞세웠다. 그로부터 1개월 후에 서울시로부터 여섯 필지에 대해서는 건축허가를 해준다는 공문을 보내왔다. 같이 방문했던 다섯 명은 즉시 건축허가를 받아 집을 지었다. 나는 그때 건축허가 의사를 통보받았으니 앞으로도 계속 유효하다고 생각했다. 두 딸과 아들이 중고등학교 재학생이어서 평창동 높은 위치에서는 등교 문제가 어려울 것으로 보여 주택신축을 망설이고 있었다. 시간이 지나고 나니 크게 후회할 상황이 발생하고 말았다.

어느 날부터 평창동 산복도로山腹道路 위쪽은 형질변경 허가를 해주지 않는다는 종로구청의 입장이 알려졌다. 청천벽력같은 일이다. 형질변경을 불허하는 이유는 단순하다. 국립공원에 인접하여 자연경관을 훼손할 우려가 있으며, 지형여건에 비추어 주변의 환경 풍치 미관을 해칠 염려가 있다는 것이다. 이를 알고 있는 평창동 주민들은 나에게 행정소송을 제기하라고 건의해 왔다. 소송하면 쉽게 이길 수 있다고 강조하기까지 한다. 그 이유는 대지의 절반은 평지이고 그 외는 약간의 경사지여서 여건이 좋기 때문이다. 내가 소송을 머뭇거리자 평창동 주민들께서 소송비는 모금해주겠다는 이도 있었다. 나는 정부를 상대로 법적 다툼을 원하지 않았다. 결국은 주변의 권유에 따라 행정소송을 결심하고 변호사를 찾아가서 자료제출을 했다. 변호사에게 재판 결과를 물어보면 승패확률이 50%라고 했다.

이 사건에 대한 고등법원 판결의 결론은 명확했다. 당해 사업으로 인하여 주변의 환경 풍치 미관 등이 크게 손상될 우려가 있는 토지는 토지형질변경을 할 수 없도록 규정하고 있으나, 허가금지 대상의 내용 중 '녹지지역으로서'를 '지형여건에 비추어'로 바꾸어 그 허가금지 범위를 상위 법규보다 부당히 확장한 것이다. 또 이 토지들은 용도지역이 주거전용지역이어서 허가금지 대상지에 해당하지 않는다. 이 사건 반려 처분은 허가규칙을 위반하여 원고의 토지용도에 따른 사용을 부당히 제한한 것으로 위법하다고 판결하였다. 이 사건은 행정부처가 상고하지 않아서 확정판결이 되었다.

나는 평창동 대지를 49년 동안 소유하면서 세 번의 큰 기쁨을 맛보았다. 자녀 셋 중에서 나중에 결혼한 둘째와 셋째가 호황기에 아파트를 마련했는데 경기후퇴로 가격이 반 토막 났다. 두 자녀가 아파트를 팔고 수지로 옮겨오면 좋겠다는 판단이 섰다. 5억 원이 필요했다. 나대지는 담보대출이 안 된다고 한다. 하나은행장에게 편지를 썼다. 나는 신분을 밝히고 평창동 대지를 담보로 5억 원을 융자해주면 전세를 안고 두 자녀가 아파트를 살 수 있다고 호소했다. 융자를 허락한다는 연락을 받고 무척 기뻤다. 그다음은 대지를 판매한 후에 일어났다. 오래전부터 K대에 5억 원을 발전기금으로 기부한다는 데에 아내도 동의했었다. 이때 아내도 5억 원을 요청하면서 우리가 낳은 손주들에게 각각 1억 원에 해당하는 10만 불씩 장학금으로 나눠준다고 하였다. 이 두 가지 계획이 대지 판매를 통해 깔끔하게 실현되었다.

  사법부의 판결이 나면 행정부는 당연히 따라서 처리해 줄 것으로 믿고 나는 형질변경허가 신청을 했다. 그때도 여러 이유를 들어 허가해주지 않았다. 사법부의 최종판결마저도 행정부가 무시하는 안타까움을 지켜보던 담당과장이 나에게 힌트를 주었다. 허가를 해주지 않은 데 따른 피해보상을 요구하는 간접강제를 재판부에 요청하라는 것이었다. 그의 제안대로 변호사를 찾아가서 간접강제 신청을 요구했다. 변호사는 간접강제는 법 조항이 있는 것이 아니라 행정법 교과서에서 다루는 내용이라고 머뭇거렸다. 며칠 검토한 끝에 간접강제 신청서를 작성했다. 그 요지는 두 필지에 건축허가를 받아서 주택을 신축하면 월세로 받을 예정금액이 기대되는데, 이를 어기고 있으므로 허가를 내줄 때까지 매일 50만 원을 배상해야 한다는 내용이었다. 그 내용이 판사를 거쳐 행정부처에 전달되자, 곧바로 형질변경 허가서를 발급해 주었다.

  평창동 대지는 우리 가족의 꿈에서 시작해서 50년 가까이 보유했으나 애환도 많았다. '땅은 사람을 배신하지 않는다'는 것을 일깨워 주었다. 강남의 가장 비싼 아파트형태로 보유했더라도 2020년 판매금액 31억 원은 초과하지 않았다. 대출이 어려울 때 보증역할도 해주었다. 무엇보다도 평생 봉직한 대학에 발전기금을 기부할 수 있도록 해주고, 아내의 손자 손녀들에게 장학금을 물려주는 훌륭한 계기도 마련해 주었다. 이 세 가지 역할은 우리 부부에게 잊을 수 없는 큰 기쁨으로 남는다.

소중한 것

집안의 싸움은 모르는 사람과의 투쟁보다 더 처참하고 잔인하다. 문중 간에도 마찬가지다. 외부로 나타나는 상처보다 마음속으로 파고드는 상흔이 깊다. 그리고 오래간다. 그 피해는 후손 대대로 이어진다. 대화로 모든 사람이 수긍할 수 있도록 해결책을 모색하기는 쉬운 일이 아니다. 그래도 합리적인 절차를 따르면서 대화와 설득으로 해결하는 것이 상책이다. 문중 의견을 경청하고 다수의 결정에 따르는 것이 지혜로 보인다.

갈등의 원인은 1992년 좌사윤공 비를 다시 세우는 과정에서 문학공 손자의 이력을 홍문제학으로 기재한 데서 비롯됐다. 대제학이라고 주장하면서 비를 철거하고 새로 세우니, 이제는 이쪽에서 철거하는 등 두 문중 사이에서 폭력과 극한 대결상황이 이어졌다. 한국 정치에서 영호남 갈등이 50년 이상 지속되어 왔듯이, 의성 김씨 문중에서도 영남을 대표하는 안동의 전서공 자손들과 호남을 대표하는 부여와 전남의 문학공 자손들이 지난 28년 동안 심각한 갈등을 표출해

왔다.

　문학공파 차자 거익은 정당문학 겸 성균악정을 지냈다. 조선조에 우상으로 제수되었으나 불사이군의 절의를 지켜 나아가지 아니하고 남쪽으로 내려와 호서의 부여에 터전을 잡았다는 것이다. 초기에는 대제학을 하지 않았다는 것이 문제의 발단이 됐다. 이제는 거론하지 않기로 함에 따라 대제학 문제가 해결된 셈이다. 전서공파에서는 문학공의 벼슬인 정당문학은 왕조실록에는 찾을 수 없으며, 우상에 제수되어 불취한 문제도 역사적 근거를 알아볼 수 없어 갈등의 요인이 되기도 한다.

　나는 문중 갈등을 해결해야 한다는 사명감에서 묘소관리 주체인 죽산재 관리위원회 회장직을 맡았다. 접근방식은 아버지가 쓴 비문의 비가 철거된 데 따른 명예회복을 주장하는 아들 두 교수를 1832년 1차 개갈비문을 대화로 설득하고, 문중 회의에서 해결을 모색한다는 것이다. 대화와 설득 노력에 많은 시간을 들였다. 그들은 문학공 사적에 대하여 역사적 사실이 아니라고 부정해 왔다. 이처럼 상황이 계속 악화 일로를 겪어 왔음을 나는 느낄 수 있었다. 이제는 문중에서 누구도 두 교수와 얘기할 수 없는 상황으로 바꿔어 버린 것을 직감했다. 문제해결은 불가능하다는 것을 알게 되었다.

　전서공파 문중회의를 소집해서 제1차 개갈비문에 대한 논의를 제안했다. "좌사윤공은 김용의 난으로 순직하였고, 장자 거두는 공조전서, 차자 거익은 정당문학 겸 성균악정, 조선조에 우상으로 제수 되었으나 나아가지 않았다."라는 것인 핵심 내용이다. 회의에서 두 교수는 상황을 우려하면서도 당장이라도 결판을 내고자 하는 의도에서 놀라운 제안을 내놨다. 제1안 '1581년 학봉비' 대 제2안 '1832년 1차 개갈비'에 대해서 직접투표로 결정하자는 제안이었다. 엄격하게 선정한 전서공파 문중대표 32인 앞에서 일어난 일이다. 투표결과는 놀랍게도 제2안인 1차 개갈비가 19대 12로 승리하여 확정되었다. 비문의 쟁점 중에서 가장 핵심이 되는 부분은 해결되는 것처럼 느껴졌다. 다만 남은 문제는 자손록을 배제하는 안을 원만하게 해결하는 것이었다.

문학공파는 1차 개갈비문을 환영하면서도 수용하기 어려워했다. 그 이유는 자손록을 배제하는 안을 내심 원했기 때문이었다. 한편 전서공파는 자손록을 배제하는 것은 비문을 훼손한다는 입장이었다. 진퇴양난이다. 문제를 해결할 수 있는 기미가 보이지 않아서 모든 결정을 문중대표들의 판단에 미루고 있는 상황이 되었다. 계속되는 문중의 갈등을 보고 있을 수만은 없었다. 문제해결을 위해 꾸준히 설득하고 문중의 여론을 한데 모으려고 노력하는 회장에게 모함한다는 것은 가당찮은 일이었다. 바로 회장이 비문에 자기 이름을 올리려고 추진한다는 비난이었다. '적반하장 유분수지', 비유적으로 말하면 잘못한 사람이 잘한 사람을 나무라는 어이없는 경우라고 할까. 비문 문제를 원만히 해결하면 주최자는 당연히 죽산재 관리위원회가 되는 것이 아닌가. 명예를 일생 동안 가장 소중한 가치로 믿고 생활해 온

나로서는 도저히 받아드릴 수 없는 해프닝이었다.

　그 후 비문과 관련하여 추후 문학공파측과 협의할 사항을 승인을 받아야 하는 상황이 되어 2차 전서공파 회의를 소집했다. 이 회의에서 문학공파에서 자손록을 제외한 문안 정리를 요청해 왔다고 보고했다. 이는 당초와 차이가 있어서 다시 승인받고자 한다고 회의에서 밝혔다. 이번 회의에서 참석자들은 논의한 끝에 1차 개갈비문에서 자손록을 빼는데 대하여 만장일치로 의결하였다. 상상도 할 수 없는 상황이 일어난 셈이다. 문중 싸움이 해결될 수 있는 가장 중요한 문제가 해결되는 순간이었다. 너무나 명분이 분명했기 때문이다. 그 이유는 다름 아닌 큰집인 전서공파에는 자손록이 존재하지 않는다. 그러므로 작은집 문학공파에도 자손록을 제외하는 것이 마땅하다는 취지였다.

　갈등과 분쟁이 해결됐다. 소중한 것은 문중 화합의 노력이 전서공파 문중회의에서 결실을 보았다는 사실이다. 자손록을 배제한 1차 개갈비문을 만장일치로 채택함으로써 두 문중 간의 비문협상이 결론에 도달했다. 이 결과를 문학공파에 문서로 통보한 후 전원일치의 수락안을 회신받았다. 죽산재 관리위원회가 새로운 비를 세웠다. 그 비문에는 모두가 만족했다. 비문에 회장 이름이 기재되는 것을 원치 않는 나의 뜻에 따라 죽산재 관리위원회중으로 표시했다.

일깨우다

중앙도서관은 학생 출입이 빈번한 곳이다. 누구에게나 마음의 고향에 온 것처럼 평온한 느낌을 갖게 해준다. 도서관 이용자는 누구나 정숙함과 장서의 소중함을 깨닫는다. 도서관은 학생들 사이에 일어난 일들을 떠오르게 한다. 열람실에서 커피를 쏟거나 복도 휴게실에서 벽에 '발 도장 찍기'는 직원과 갈등요인이 되었다. 또 출입구에서 책 도난과 사전 절취방지를 겨냥한 소지품검사는 학생들의 반발을 사기에 충분했다. 도서관장인 나는 '소리 없는 교육'으로 도서관 분위기를 개선하고 이용률을 높이는 목표를 가지고 있었다.

대형 열람실은 큰 테이블 중심으로 각 테이블마다 사방에 학생들이 둘러앉아서 정숙한 분위기 속에서 독서를 하는 곳이다. 테이블 위에 커피를 엎지르고 부딪쳐서 바닥에 커피를 쏟는 황당한 사건이 가끔 발생한다. 일부 학생들이 망나니처럼 행동하고 도서관의 규율을 무시하고 부주의한 데 따른 것이다. 그러면 환경여직원이 바께쓰의 물과 대형 걸레를 들고 와서 바닥을 닦고 테이블을 청소한다. 정숙 씨어서 오세요. 관장실은 처음인데요. 쏟아진 커피 자국 청소하기 힘드시죠. 매일 도서관에서 하는 일인데요. 뭐. 15년째입니다. 우리 모두 가족이니까요. 이거 가지세요. 화장품이잖아요. 지난번 화장품회사 방문할 기회에 구해 두었던 거예요. 예. 잘 알겠습니다.

한편 복도 휴게실에서는 남학생들이 심하게 장난친다. 흰벽을 겨냥해서 누가 더 높이 벽에 발자국을 남기느냐의 경기라도 하듯이 시도한다. 이 또한 장난이 도를 지나쳤다. 그때는 남자직원이 벽에 있는 자국을 닦아 보지만 지워지지 않는다. 다음날은 흰색 페인트 붓으로 지운다. 형래 씨 앉으세요. 근무한 지 얼마나 되나요. 7년째입니다. 일하기 힘드시죠. 아니요. 자식 같은 학생이지만 그래도 참고 잘하고 있습니다. 이거 가지세요. 담배잖아요. 예. 잘 부탁드립니다. 또 다음날이면 다른 학생들이 이와 비슷한 장난기를 발동한다. 누구도 이들을 제지할 방도가 없었다. 도서관에서 일어난 사건 사고들은 대부분 학생의 일탈에서 비롯된다. 규칙과 규범을 잘 따르지 않아서 발생하는 일이다.

책 도난 사건과 사전의 일부를 면도칼로 절취해 가는 사건이 빈번히 일어났다. 책을 훔쳐 가고 값비싼 대형사전의 절취 행위는 학생의 도를 넘었다. 어느 날 오후 한 학생이 출구를 나가려는 순간에 직원이 "학생, 가방 열어봐" 하고 위압적인 목소리로 다가갔다. 퇴출 시 학생들의 가방을 점검하는 행위는 직원으로서는 도난방지와 값비싼 사전절취를 예방하려는 노력의 일환이다. 소지품 검사에서 강압적

태도에 불만을 가진 학생이 그 직원을 폭행하는 사고가 발생했다. 이러한 사건 사고는 학생과 직원 모두에게 '소리 없는 교육'이 절실하다는 교훈을 남겼다.

대학에서 미래를 대비하는 중앙도서관은 새 학년도가 되면 오리엔테이션으로 신입생 500명씩 네 차례에 걸쳐 교육하는 기회를 맞이한다. 신입생들은 대체로 대학에 들어온 들뜬 마음으로 도서관에는 관심이 없어 보였다. 나는 오리엔테이션을 위해 강당에 들어섰다. 신입생들의 시끄럽고 들뜬 분위기 탓에 행사를 진행할 수가 없었다. 분위기 전환이 필요했다. '여러분 대학생이 된 것을 환영합니다.' '대학생은 성인입니다.' '오리엔테이션을 시작하기 전에 모두 담배 한 대 피우고 시작합시다'라고 큰소리로 외쳤다. 강당 내는 깜짝 놀라는 분위기로 반전되면서 천진난만하게 좋아하는 소리가 여기저기서 들리기 시작했다. 내가 먼저 담배를 꺼내 물자 잔뜩 고무된 신입생들이 담배를 한 대씩 물고 신나게 피워댔다. 그 순간 나는 교육을 위한 진정한 리더쉽을 행동으로 옮겼다고 느낌이 들었다.

이어진 도서관 오리엔테이션 교육은 순조롭게 진행했다. 도서관은 학업 중심의 역할을 하는 공간이면서 교육 관련 정보를 제공하는 자료의 산실이라는 것을 알려준다. 이제 학생들은 교내에서 시간이 나면 도서관에 오는 습관을 익히는 게 중요하다고 지적해 주었다. '놀아도 책과 함께하라'는 말을 실천하는 곳이 도서관이라는 것을 일깨워 준다. 휴식공간이면서도 '지식의 흡수'는 물론 '정서적 안정'을 꾀

할 수가 있고 미술 감상이나 음악을 들으면서 느끼게 될 것이라고. 우리가 흔히 사회에서 듣는 이야기는 학창시절에 도서관에서 많은 시간을 보낸 사람이 성공한다는 것이었다.

"담당 선생님, 나는 책 도난과 사전절취는 일반범죄와는 다르다고 생각합니다. 공부하려는 마음에서 발생하기 때문입니다. 많이 배운 사람들도 책을 읽다 보면 일정 부분을 갖고 싶은 마음이 생깁니다. 하물며 학생들이야 절취하고 싶은 충동을 벗어나기 어려울 것입니다. 그래서 도서관 예산으로 책을 재구입하고 절취된 부분은 다른 도서관에서 복사해다 붙이고 있지요." 나는 학교예산으로 충당하는 등 '도서관의 역할'을 강조했다. 직원과 학생 간 '충돌 해소' 문제는 소리 없는 교육으로 알려진 '일깨우는' 노력으로 접근했다. 기능직 직원면 담에서는 위안과 더불어 노고를 치하했다. 나는 전 직원에게 위로 회식을 한 학기에 한 번씩 제공할 수 있도록 도서관 예산을 배정하고 뷔페식당에서 회합하는 기회를 가졌다.

도서관의 정숙함과 장서 소중함을 '일러주거나 가르쳐서 깨닫게 하는 일깨우는' 소리 없는 교육이 직원과 학생 간의 갈등을 말끔하게 해소해 주었다. 학생 직원 간의 소원함이 해소되고 도서관 본연의 기능이 제고됐다. 그 과정에서 도서관이 존재하는 이유도 밝혀졌다. 모든 열람실은 거의 만실에 가깝게 운용되고 있다. 사고로 얼룩졌던 과거를 뒤로하고 활기찬 도서관으로 거듭났기 때문이다.

뒤풀이

존중하고 좋아하는 사람들 간에는 만나고 싶은 마음이 자주 일어난다. 40명이나 되는 골프회원들이 같은 장소에서 한 달에 두 번씩 골프모임을 몇 년째 이어오고 있다. 그들은 각 20명으로 조직된 K대와 Y대의 선배 동료 후배들이다. 전체 회원 중에서 약 17명이 두 달에 한 번씩 고향마을에서 별도로 모임을 한다. 이들은 만남을 소중히 생각하는 사람들로서 대화에 오르는 내용은 서로가 건강에 유의하면서 깊이 생각하지 말고 여유를 즐기자는 것이다. 막걸리와 소맥 파티에 곁들인 칼국수는 모임 분위기를 유쾌하고 풍성하게 해주지 않았을까.

오늘 문득 외로운 동문 한 분이 생각난다. 나는 같은 팀에서 골프를 치고 있는데 그 선배는 60학번으로 골프가 잘 안 풀려서 짜증을 내기 시작했다. 그만두어야겠다고 되뇌며 불평을 털어놓은 적이 있었다. 안타까움을 느꼈다. 나도 머지않아 선배처럼 기력이 떨어지고 몹쓸 병에 걸리면 어떻게 하나 하고 마음속으로 충격을 받았다. 그랬던 그

분이 작년에 치매가 심해져서 생을 마감하셨다고 한다. 경찰서장까지 지낸 평소에 깔끔하게 행동하던 분이셨다. 외로움은 자신을 밖으로 지향하는 방법을 암시해주는데도 불구하고 일찍이 먼 나라로 가셨다.

건강을 잃으면 그동안 이룩한 부나 명예 할 것 없이 모든 것을 잃는다고 하지 않는가. 균형 잡힌 식사와 규칙적인 운동이 좋다고 한다. 근력이 약해지는 것은 근육량이 줄어들기 때문이다. 노년에는 특별한 운동이 요구되는 것은 아니다. 집 주위나 가까운 공원 아니면 숲 속을 산책하는 것이 좋다. 걷지 못해서 집에 머물기 시작하면 병에 시달리기 쉽다. 친구도 만날 수 없고 맛있는 음식점에도 갈 수 없다. 얼마나 적적할까. 건강에 어떤 징후라도 생기면 바로 인터넷을 찾아보자. 우리는 정보의 홍수 시대에 살고 있다. 올바른 의료정보를 확인하는 순간 병원에 가야 하는지를 판단할 수 있다. 평소에 자기 몸을 사랑하는 습관을 갖자. 시간이 있을 때마다 손을 만져주거나 발의 코어근육을 움직여 보면 놀라운 효과를 느낄 수 있지 않은가.

깊은 생각을 하면서 살 필요가 있을까. 우울증이라는 것이 별거 아니다. 습관이 만들어낸 부작용이다. 밖에 나가지 않고 집에만 틀어박혀 있고, 사람을 만나기 싫어하고, 고독을 즐기기라도 하듯이 혼자 골똘히 생각하는 등의 습관이 만들어낸 증상이 우울증이다. 지금까지도 우울증의 병리 현상과 그 발생원인이 잘 알려지지 않은 것이 사실이지 않은가. 증상이 심하면 병원에 가서 의사의 진료를 받는다. 원인이 무엇이든 간에 일상생활에서 스트레스를 받지 않고 또 스트레스 해소 노력을 할 때 이 증상을 멀리할 수 있지 않을까. 매일 햇빛을 받으며 산책을 하면 긴장된 몸을 풀어주어 우울증을 이겨내기도 한다.

모임에 임하는 사람들은 모두가 즐거운 마음을 가지고 참석한다. 즐거움을 표현하는 방식은 만나서 악수할 때 손맛에서 느낄 수 있고, 약속 장소로 걸어오는 발걸음이 훨씬 가벼워진 것을 보면서도 알 수 있다. 대부분은 만났을 때 얼굴에 활짝 웃는 표정에서 바로 느낀다. 그중에는 건배 제의를 구수한 말로 즐거움을 한껏 표출하기도 한다. 모두가 즐거워하는 이유는 예상외로 소박하다. 그것은 다름 아닌 고향마을에서 나오는 전통음식인 보쌈, 파전, 빈대떡 등 푸짐한 막걸리 안주들과 더불어 방 안에서 식탁에 둘러앉아 먹고 마시고 흥겨운 대화를 이어가는, 그것도 강남의 역삼동에서 또 정기적으로 만난다는 데에 기인한 것 같다.

'무료한 시간을 갖지 말자'는 소크라테스의 말이 기억나지 않는가. 누구나 할 일이 없으면 생활이 무료해지고 불규칙하며 나태해지기 마련이다. 날짜와 요일이 바뀌는 것도 깜빡 잊을 때가 있다. 그동안 직장근무 때처럼 사람은 바빠야 한다는 말을 듣고 살아오지 않았는가. 그래야 삶이 생동감 있고 활력이 생긴다. 정년퇴임 후 시간이 지남에 따라 사람들과의 교류가 축소되고 참여할 외부활동에 대한 약속도 줄어든다. 사람들과 만나려고 애쓰는 나이가 아닌지 되돌아보

자. 가족 친지의 애경사에도 참석해서 사람들을 만나고 동네 이웃들과도 이야기를 나누고 동창들의 모임에도 참여해보자. 시간이 날 때마다 가까운 둘레길을 걸으면서 땀을 흘리고 나면 상쾌한 기분이 들지 않겠는가.

맥주에 소주를 섞어 마시는 소맥이 인기 있다. 맥주의 시원한 맛을 돋우면서 싱거움을 없앤 소맥은 마시기 쉽다. 원래 군부대에서 장병들 간에 빨리 취하게 할 수 있는 방법으로 개발한 음주 방식이다. 어느 한 선배가 분위기 잡기 위해서 소맥을 만들어 한 잔씩 나누어 주고 원샷을 주문하면서 흥 돋울 때는 정말 멋져 보였다. 푸짐한 막걸리에 소맥까지 겸한 분위기로 모임의 즐거움은 배가됐다. 얼큰하게 취한 기분인데 식사로 칼국수 반 그릇이 나왔다. 칼국수의 구수하면서도 시원한 맛은 잊을 수가 없다. 김영삼 대통령이 그토록 좋아해서 청와대 점심 메뉴로 칼국수가 지정된 적이 있었다. 당시 직원들은 칼국수 먹으면 배고프다는 의견이 제시되어 청와대 식당에서는 칼국수를 주문하면 밥이 따라 나오기도 했다.

모임에 나오는 사람 중에는 '사람 보는 재미'에 희열을 느끼는 이도 있다. 전통음식과 술로 분위기가 달아오르는 중에 한 분이 자신이 태어난 고향마을을 떠올렸다. 맑은 시냇물과 아름다운 풍경은 이미 그의 머릿속에 그려지고 있었다. 그게 바로 그리워하는 '가고 싶은 고향이 아닐까.' 고향마을 모임은 회원들 간의 화합과 친목을 다지는 뒤풀이 행사다. 이 시간은 격조 있는 대화의 장이면서도 많은 추억을 남기며 다시 만날 날을 기대하게 만든다. 마무리 인사를 나누면서 다시 만날 일정을 확인하고 일어선다. 무엇이 부족한지 모두가 커피숍으로 옮겨가서, 여유롭고 한가한 모습으로 삶의 즐거움을 만끽하며, 못다 한 대화의 꽃을 피운다.

제5부

없는 집 제사 돌아오듯

놀라운 반응

인류 역사상 가장 비참하고 충격적인 사건이 일어난다. 1930년대 경제 대공황이다. 미국 경제를 10여 년간 송두리째 파국으로 이끈 사건이다. 경제의 산출량이 반으로 줄어들고, 대량실업 사태를 초래하게 되고, 물가가 절반으로 하락하고, 금리도 폭락하였다. 1920년대 말의 기술혁신과 고도성장에 의한 거품이 지나치게 팽창한 것이 한꺼번에 터진 결과이다. 경기변동 싸이클은 가파르게 피크에 도달할수록 하강국면이 빠르고 그 계곡이 깊다는 것을 깨닫게 해주는 역사적 사건이 아닌가.

경제 대공황은 심각한 경기침체와 물가하락이 병존하였다. 경기침체가 계속됨에 따라 내수가 극도로 부진했다. 경제불황이 절정에 이르게 되자 기업들은 자금난과 쌓이는 재고문제로 더는 견디지 못하고 파산하게 된다. 이는 심각한 실업 문제를 낳고 급기야는 커다란 사회문제가 된다. 대공황에 따른 대량실업 사태가 바로 그것이다. 한편 물가하락 또한 심각하여 지수로 보면 약 49%의 디플레이션을 체험하게 되었다. 생활필수품을 비롯한 공산품의 가격이 절반 수준으로 떨어진 것이다.

　수강생 중에서 놀라운 반응이 일어났다. 교육부 중앙교육연수원에서 경제특강 교수로 선발되어 전국 고등학교 교장 350명을 대상으로 '국민경제의 안정화 방안'에 대한 교육을 진행하던 중이다. 경제불황과 실업 극복사례로 1930년대 대공황의 원인, 대량실업 사태와 그 해결 과정을 드라마틱하게 설명하고 있었다. 청중들의 반응은 너무나 진지하다 못해 모두가 귀를 쫑긋 세우고 응시하면서 집중하던 모습은 지금도 잊을 수 없다. 후버 대통령 시절 대공황이 발생한 첫해인 1930년은 국민총생산이 전년 대비 반 토막이 났고, 실업률은 28%에 이르렀다. 루즈벨트 대통령이 취임한 1933년에도 25%의 높은 실업률이 유지되고 있어서 뉴딜정책을 펼쳤다.

　후버와 루즈벨트 두 대통령은 대공황을 수습하기 위하여 공공투자사업을 전개하였다. 세계적으로 유명한 관광지가 된 금문교와 베이브리지 그리고 후버댐과 테네시강 유역개발사업 등이 대표적이다. 금문교는 샌프란시스코에 있으며 미국에서 가장 긴 현수교로 37년에 준공했다. 베이브리지는 샌프란시스코와 오클랜드를 잇는 현수교로서 왕복 10차로, 2층 전용도로이다. 후버댐은 네바다주와 애리조나주의 경계에 있으며 200m 높이의 아치댐으로 조성됐다. 35년에 준공했다. 테네시강 유역 개발공사는 뉴딜정책의 심장으로 알려진 곳으로 33년에 설립됐다. 댐 30개와 원자력 발전소 세 곳을 운영하는 미국 최대의 전력공급 주체이다.

뉴딜정책을 본격화하면서 진행된 Golden gate bridge, Hoover dam과 TVA사업을 내가 설명해 나가자 강당 내 분위기는 흥분의 도가니로 바뀌기 시작했다. 이어서 대공황 수습을 위한 케인즈 경제학을 소개하자 수강자들은 다시 감정이 솟구치면서 흥분을 감추지 못했다. 케인즈는 총수요와 총산출이 균형을 이루어야 경제문제가 발생하지 않는다고 역설한 부분에 대해서는 모두 이해한다는 흐뭇한 표정을 지었다. 총수요가 총산출보다 적을 때는 경제는 불황과 실업 문제에 직면할 수밖에 없지 않은가.

대량실업에 이어 가계부문에서 문제가 터지기 시작한다. 사회적으로는 가정주부가 생계대책을 위해서 길거리로 뛰쳐나오는 사태가 일어났다. 사과를 가득 담은 광주리를 옆구리에 끼고 거리를 다니면서 판매하거나, 위치 좋은 길가에 좌판을 깔고 사과를 파는 노점상이 유행처럼 번져나갔다. 대공황이 지난 후 한 남편이 그의 아내에게 그 끔찍했던 공황을 연상시키면서 "사과 다시 한번 팔아 보겠느냐" Do you want to sell an apple again? 고 한 말이 사회적으로 유행한 적이 있다.

청중들이 놀라운 반응을 보였던 이유를 나는 나중에 알게 되었다. 교장 선생님들은 매주마다 교사들과 전교생을 대상으로 훈화를 하기 때문에, 이 내용을 교육자료로 활용할 복안으로 그처럼 진지했던 것으로 생각한다. 그 후 이어지는 중고교 교장들에게도 입소문이 나기 시작하면서 입소자들의 교육 분위기가 한층 고조되는 것을 느낄 수 있었다. 그뿐이 아니다. 강의에 느낌을 크게 받았던 교장들은 교육부총리에게도 편지를 보내 나의 강의에 대한 좋은 평가를 전달하였다. 그 결과는 두 달마다 중앙교육원의 초청 강사명단을 확정하는 결재 과정에서 노출되었다. 장관이 직접 K대 조교수 김봉구를 꼭 집어서 이름에 원을 그리면서 계속 강사로 초청하라는 멘트를 남겼다고 한다. 강의가 끝나면 총무과장이 나를 원장실에서 차 한잔하라고 안내해 주었다. 그 내용은 차관보인 원장의 입을 통해서 전모가 드러났다.

  세계적으로 유명한 학자 케인즈가 나타나서 '유효수요 부족'으로 불황이 심화되었다고 진단한다. 유효수요란 가계, 기업, 정부 등이 재화와 용역을 소비하는 욕구를 나타내는 실제 수요를 말한다. 또 경기침체에 따른 내수부진은 심각한 물가하락을 초래하게 된다고 하였다. 그는 통화량을 늘려 민간부문에 실질구매력을 높일 것을 건의한다. 금융통화 정책수단을 강구하여 소비 증대, 투자 확대, 정부지출 증대 등을 모색하여야 한다고 주장했다. 케인즈의 건의를 받아들인 결과 1930년대 하반기부터 불황이 서서히 걷히기 시작하고 경제가 회생하게 된다. 이러한 배경을 토대로 케인즈는 1936년에 책을 저술하였다. '고용 이자 화폐에 관한 일반이론'이다.

  나는 그 후에도 오랫동안 중앙교육원 강사로 초청되어 강의한 기억이 생생하다. 수강생들이 듣고자 하는 강의 내용과 강의하는 열정이 맞아떨어져서 빚어진 일이 아닐까. 놀라운 반응이다. 나라 경제는 총수요와 총공급의 균형이라는 이상을 추구한다. 과거 50년 동안에 세계는 경제문제가 발생하면 총수요관리정책으로 해결해왔다. '유효수요'가 답이었다. 우리가 경계해야 할 문제는 불황이 심화하는 가운데 물가가 오르는 '스테그플레이션'이다. 이 문제는 공급에 영향을 미치는 성장과 물가안정에 초점을 맞추어야 하지 않을까.

돈 버는 길

 학교는 돈에 대해 왜 가르치지 않는가? 돈은 의식주를 해결하는 물적 토대이다. 누구도 이를 소중히 생각하지 않을 수 없다. 돈 없이는 하루도 생활할 수 없다고 나는 생각한다. 오늘날 학교에서 '돈 버는 노우하우'는 가르치지 않는다. 안타깝다. 주식을 어떻게 사고파는지, 은행에 어떻게 예금하는지, 연금이 어떻게 노후를 보장하는지에 대해 알려주는 정도다. 특히 부자들은 돈 버는 방법에 대해서는 사람들에게 가르쳐주지 않는다. 심지어 자녀들에게도 알려주지 않는다. 세금을 비롯한 상거래와 관련한 '도덕성 문제' 때문이 아닐까.
 돈에 대해서는 학교에서 가르치지 않는 근본 이유가 있다. 1903년 미국의 교과과정 설계과정에 연유했다는 것이 유력하다. 록펠러 J. D. Rockfeller는 교육위원회를 조직하면서 두 가지에 착안했다. 하나는 사람들이 계속 일하면 국가의 재정안정에 도움이 되고, 다른 하나는 국가가 직업교육을 맡아서 수행하면 일자리 안정을 확보할 수 있다는 것이다. 록펠러의 이 구상은 '명령을 잘 따르는 사람'을 길러내고,

'좋은 군인'을 양성할 목적으로 프로이센 교육제도를 그대로 도입했다. 학교는 사람들을 직장인으로 평생을 잘 살아가라는 역할을 강조하는 것처럼 보인다.

세계적으로 금융위기가 일어나는 이유는 학교에서 금융을 가르치지 않고, 사람들이 좋은 금융과 나쁜 금융을 구분하지 못한 데서 비롯된 것이 아닐까. 금융에 대하여 잘 알지 못하면 우리는 제도적으로 많은 손해를 볼 수밖에 없다. 세금 납부나 빚을 갚을 때의 이자나 인플레이션이 닥쳤을 때의 대응이나 퇴직연금을 관리할 때도 많은 손해를 경험할 수 있기 때문이다. 사람들은 학교를 나와 직장생활을 하는 것을 최우선으로 생각한다. 또 집이 가장 큰 자산이라고 생각하고 대출을 받아서 집부터 장만한다. 사회생활에서는 돈을 아끼고 저축하는데 집중한다. 이는 인플레이션이 일어날 때 현명하게 대처하지 못할 수도 있다.

지금 우리가 사는 사회는 '돈이 돈을 버는 시대'라고 할 수 있다. 나는 시대의 경제 상황에 따라 돈 버는 방법이 두 가지라고 생각한다. 고도 경제성장 시대에는 '자본이득' capital gain을 추구하는 방식이 돈 벌기의 으뜸이고, 다른 한편 스태그플레이션 시대에는 '현금흐름' cash flow에 집중해야 부자가 될 수 있다고 믿는다. 실제 돈 벌기 위해서는 돈에 대한 지식을 갖고 있어야 한다. 예를 들면 주식시장에서 활용하는 공매도空賣渡가 좋은 예이다. 주식을 소유하지 않고도 주식을 팔아 자금을 확보했다가 주가가 떨어지면 주식을 사서 돌려주는 제도다. 이때 수수료만 지불하면 되므로 돈을 벌기 위해 필요한 것은 지식뿐이다. 또 빚을 잘 이용할 줄 알아야 돈을 벌 수 있다. 무조건 빚은 나쁘다고 생각하고 빨리 갚아야 한다는 강박관념에서 벗어날 필요가 있다. 빚 중에서도 '좋은 빚'이 있을 수 있다는 사실을 알아야 한다. 현금창출을 위해서 대출을 받는 것은 일종의 좋은 빚이라고 할 수 있다.

고도성장시대에는 자본이득을 추구하는 자산에 투자해야 부자가 될 수 있다. 80년대에는 고도성장과 높은 인플레이션이 지속되어 아파트 가격은 빠르게 상승하였다. 내가 올림픽 아파트 53평형을 분양 신청할 때는 경기가 나빠서 서울시 조순 시장이 명의변경을 허락하고 있었다. 나는 분양을 꼭 받아야 했기에 내 동생 명의를 빌려 두 구좌를 신청했다. 두 곳이 당첨되어 조건이 좋은 곳을 선택하다 보니 내 명의로 신청한 것은 포기할 수밖에 없었다. 분양받은 2년 후에 경기가 호전되어 아파트 가격이 세 배 정도 급상승하였다. 국세청에서 투기조사가 나와서 K대 학생처장 때 서면으로 자세하게 소명한 적이 있다. 바로 내가 강제저축 forced saving이라는 개념을 경제학 강의에서 강조하여 이 용어가 우리 사회에 유행하던 시기였다. 주택담보대출을 받아 이사를 자주 다닐수록 누구든지 '자본이득'을 크게 얻을 수 있었기 때문이다.

스태그플레이션 시대에는 누구나 현금흐름에 투자해야 부자가 될 수 있다. 오늘날 부자가 되기 위한 게임의 법칙은 자본이득 추구가 아닌 현금흐름이다. 자본이득에 미련을 버리지 못한 대부분의 사람들과는 달리 10%만 현금흐름 게임을 하는 것으로 판단된다. 금융을 배우면 누구나 10% 부자클럽에 들어갈 수 있다. 부자가 되기를 원하면 누구나 먼저 말하는 습관을 바꿔야 한다. 말이 행동하는 태도를 바꾸기 때문이다. 가난한 사람들은 다음과 같은 말을 입에 달고 산다. 나는 돈에 관심이 없다. 나는 절대 부자가 될 수 없을 거라고 말이다. 중산층은 보수도 좋고 안정된 직장이 있으면 된다고 말한다. 가장 좋은 투자 대상은 집이라고 강조하기도 한다. 부자들이 하는 말은 전혀 다르다. 내 일을 맡아서 해줄 수 있는 사람을 찾고 있다. 현금이 잘 도는 건물이나 사업용 토지를 사려고 한다는 말을 자주 한다.

여유로운 경제생활을 위해서는 버는 돈 안에서 살아가는 것만으로는 부족하다. 그보다는 자산을 확보해서 현금흐름 수입을 늘려야 한다. 또 금융지식을 갖추면 자신이 돈을 계속 창출할 수 있게 된다. 부동산으로 돈을 만들어 내는 예를 알아보자. 자산을 사들여 임대를 통해 돈을 버는 방법이다. 위치 좋은 곳에 넓은 면적의 토지를 소유하고 있으면서 여러 용도로 임대를 한다. 임대를 통하여 현금창출이 계속 이루어져 본인 스스로 돈을 찍어내는 효과를 달성하게 된다. 그러면서도 원래 토지는 그대로 보유하고 있다.

현대사회에서는 누구에게나 '돈이 필요의 악' necessary evil이라고 할 만큼 절실하다. 우리는 이처럼 요구되는 돈을 외면해서는 안 된다. 돈이 어떻게 움직이는지를 이해하는 것이 중요하다. 금융위기 때는 금융지식을 갖춘 사람들이 훨씬 더 많은 혜택을 누리게 된다. 금융지식의 부재는 우리의 지위를 추락시켜, 버는 돈 안에서 생활하게 만든다. 돈에 관한 지식을 갖추게 되면 '버는 돈을 늘려 실질소득을 상승시킴으로써 삶의 질을 획기적으로 높일 수 있지 않는가'. 이처럼 필수적인 금융지식을 자녀들에게 일찍부터 가르쳐야 하지 않을까.

없는 집 제사 돌아오듯

'없는 집 제사 돌아오듯 하다'는 속담은 우리 조상들의 제사에 대한 부담을 가늠케 한다. 가정 형편이 넉넉지 못한 데 제사를 지내고 나면 또 제사가 돌아오니 걱정이 앞선다는 것을 뜻하지 않는가. 제사는 오랜 세월 동안 조상들이 지켜온 의식이다. 조상이 있기에 부모가 있고 부모가 있기에 내가 있게 되므로 은혜와 효심에서 비롯되는 제사이다. 형편이 되지 않는 집은 제사 지내지 않아도 된다. 제사를 꼭 지내야 한다는 법은 없다. 제사를 지내려고 해도 대가 끊어지면 제사도 자연히 끊어질 수밖에 없지 않은가. 옛날에 비하면 요즘은 많이 간소화되었다.

제사는 우리 고유의 문화이다. 고려 때는 국교가 불교여서 제사를 지내지 않았다. 고려말에 중국의 주자학이 우리나라에 들어오면서 제사 문화가 전파되었다. 오늘날과 같은 형태의 제사가 도입된 것은 조선 시대다. 유교를 국교로 삼으면서 돌아가신 조상에게 올리는 제사는 양반들 사이에 자리 잡기 시작했다. 그 후 신분제도가 없어지면서 양반들이 점유하던 제사 문화가 서민들에게 널리 보급되었다. 우리의 제사 문화는 남의 시선을 의식하는 경향으로 간소하던 제사상은 복잡하고 화려해지기도 했다. 명절의 차례상 차림은 모두 여자에게 맡김으로써 제사에 대한 거부감까지 노출시키고 있다.

요즈음 젊은 주부들은 제사에 대하여 부담스럽게 생각하고 있다. 추석과 설 명절을 맞이하면 그 부담이 늘어난다고 한다. 명절차례는 제사와 크게 다르다. 차례는 그 철에 나오는 음식 즉 추석에는 햇곡식으로 마련한 송편, 설에는 떡국을 제상에 올리고 몇 가지 과일을 추가한 간편한 제상 차리기가 본질이다. 술잔도 한번 올리고 남자는 재배, 여자는 네 번의 절을 하고 차례를 마친다. 추석과 설은 2-3일의 연휴가 뒤따르기 때문에 우리 민족 최대의 명절이라고 한다. 연휴에 가족 모두가 즐겁게 보낼 수 있도록 그 준비과정을 혁신하는 것이 절실해 보인다. 차례라는 명분으로 제상에 올릴 제물준비와 연휴에 함께 모인 가족들이 먹을 음식을 장만하느라 주부들은 3-4일 동안 상차림과 설거지 등으로 홍역을 치른다. 중요한 것은 남편과 아내의 역할을 분담하지 않으면 주부의 부담을 줄일 수 없지 않은가.

원래 제사준비는 남자의 역할이다. 시장에 가서 과일 포 육류 어류 닭고기 등을 구입하는 제사 장보기는 남자의 책임이다. 제사 장보기를 할 때는 어느 물품도 값을 깎지 않는다. 과거에는 제사상에 올리는 음식준비부터 조상의 넋을 추모하는 과정에서 남성들이 제사와 차례를 진행했다. 음식준비는 지금보다 훨씬 간소한 형태였다. 제사의 원칙을 규정한 '주자가례'를 보면 '제철 과일을 사용하라'는 것과 포, 과, 채로 상을 차리라는 것이 전부였다고 한다. 남자가 제수를 마련하기 때문에 주부는 크게 부담을 갖지 않는다. 제사 지내는 시간은 자시 밤 11시-새벽 1시까지이나, 시대가 바뀌면서 저녁 7시에 제사를 지내고 참사자들이 음복하면서 저녁식사를 겸하고 있다.

우리 집안의 모 대학 총장 내외가 기독교 신자였다. 미국 유학을 마치고 십여 년 만에 고향에 와서 아버지 제사에 참석했다. 제사에 참석한 사람들은 한복 정장에 도포를 입고 유건을 쓴 채로 경건하게 제사에 임하는데, 유독 그 내외는 양복 차림으로 빳빳이 서 있었다. 그 후 제사에 참석했으면 절을 하면 안 되느냐고 동네 사람들이 수군거린다. 기독교에서 "제사는 조상을 잘 모셔야 복 받는다는 신앙에 기인한다"고 해서 이를 우상숭배로 보고 있다. 한편, 천주교는 '유교의 제사는 종교의식이 아닌 시민의식'이라 하여 제사를 허락하고 있다. 마침 아들 내외가 미국에서 박사학위 후 교수로 취업하길래 기독교에서 천주교로 바꿀 것을 수차례 제안했으나 아들이 종교문제라면서 반발했다. 같은 성경으로 하느님을 신봉하는 데 교회에서 성당으로 옮기는 것이 그렇게 어려운가 라고 말했다. 설득이 주효해서일까. 아들 내외가 성당으로 나가기로 했다고 알려왔다. 다행이다.

일주일에 한 번씩 수필 제목을 정하는 일은 없는 집 제사 돌아오듯 나를 힘들게 한다. 수필의 제재와 소재를 정하기 위해 춘천행 기차를 타고 오가며 생각해본다. 어떤 때는 서울역에서 인천공항행 기차를 타기도 한다. 교수로 재직할 때 원고 쓰는 일은 등골을 빼먹는다는 이야기를 너무나 많이 들었고, 또 직접 그런 체험도 해 보았다. 이번 주에 쓴 수필 '어민, 가난에서 벗어나'란 제목의 글에서 권대근 교수가 이 수필의 내용을 셋으로 나누어서 독자들이 편하게 읽을 수 있도록 쓰면 좋겠다고 했다. 의견을 받아들이기로 하고 나니 '아이구 좋아라' 앞으로 2주 동안은 써야 할 제목이 결정되었으니 날아갈 것 같은 기분이다. 이제 쓰기만 하면 된다. 태생적으로 가난한 어민의 입장을 이번에 적어보았으니, 바다목장으로 바뀌는 미래의 그림을 그리고 싶다. 또 전통적인 어민이 살아가는 마을의 공동체적 특징을 수필로 풀어내고 싶어진다.

우리는 오랫동안 국민 대다수가 가난한 생활을 이어왔다. 먹고 사는 주식인 쌀 문제도 77년에 자급을 달성했다. 어렸을 시절 농촌을 회상해보면 점심시간이 지난 후 손님이 갑자기 오면 대접할 것이 아무것도 없다. 냉수 한 대접에 풋고추 몇 개와 된장을 내놓는다. 고추가 식사 대용으로 사용되었다. 그래도 조상의 제삿날이 오면 시장에 가서 생선과 포를 준비하고 기본적인 밤, 감, 대추, 사과 등과 더불어 떡을 제상에 올린다. 돌아가신 조상에 대한 정성은 그대로임을 알 수 있다.

오늘날 제사의 폐해로 지적받는 것은 추석, 설 명절에 여성들에게 맡겨진 차례 업무의 과중에서 비롯되지 않는가. 제사에 대한 거부 반응이 아닌 명절을 맞이해서 연속되는 연휴 기간의 차례에 이은 상차림과 설거지 등 밀려오는 일들이 여성들을 지치게 하고 있다. 제사만은 남자가 제수준비에서부터 제상차리기 제사행사까지도 주도함으로써 여성들에게 제사에 따른 부담을 덜어주어야 하지 않을까.

캐쉬카우

 자녀의 성공을 기원하는 부모의 심정은 끝이 없다. 아버지의 교육열은 남달리 강했다. 그는 17세 때 군청에서 시행한 면서기 채용시험에 합격하여 그때부터 일생 공직생활을 했다. 그의 생활신조는 근면과 절약 정신으로 일관돼 있으며, 철저하게 검소한 생활을 이어왔다. 나는 차남으로 태어나 당시에 농촌 경제 사정으로는 대학진학은 꿈도 꿀 수 없는 처지였다. 우리 집은 형이 서울에서 대학을 다니던 중에 불의의 사고로 세상을 떠났다. 내가 고등학교 1학년 때였다. 우리 가족의 모든 희망이 갑자기 나에게 맡겨지게 되었다. 강릉농고로 전학하면서 그 후 대학에 진학했다. 여기서는 아버지의 자식 교육을 위한 저축과 재산형성 단계를 알아보고자 한다.

 아버지는 소를 사서 농가에 맡기면 그 농가는 소중하게 농우로 활용한다는 점에 착안하였다. 이러한 일을 몇 차례 계속하자 마을에 소문이 퍼지기 시작했다. 여러 농가에서 경쟁적으로 소를 사주면 잘 기르겠다는 의사표명을 하였다.

전통적으로 농가에서 농업을 경영하는 데는 소의 역할이 대단히 크다. 농사의 힘든 일은 대부분 농우가 담당하기 때문이다. 논밭을 가는 경운 작업은 기본이고 모심기 위해서 써레질로 논을 평탄하게 하는 것은 필수과정이다. 지금은 마른 논을 로터리로 평탄하게 한 후 논에 물을 대어 모내기를 한다. 이를 무써레질 기술이라고 하여 써레질을 생략하기도 한다. 수확한 농작물 운반이나 추수 후 논을 갈아엎는 경운 또한 벼농사에는 필수다.

큰 소가 아닌 중소인 송아지라도 사주면 잘 키워서 농우로 활용하겠다는 뜻을 내비치는 사람들도 있었다. 아버지는 이것을 계기로 하여 생후 6-7개월이 된 암송아지를 사서 농가에 입식시키는 방안을 강구하게 되었다. '송아지가 6개월 후에는 일소로 자라서 농우 역할을 하는 것'을 보면서 주변의 많은 농가가 그에게 위탁요청을 하기 시작하였다. 어느 때는 송아지를 위탁받으려 대기하는 줄이 길어지는 것을 경험하기도 했다. 위탁받은 농가들은 모두가 환영 일색이다. 위탁받아서 6개월 정도 키우면 큰 소로 자라서 농우로 활용할 수 있기 때문이다. 농가 입장에서는 농우확보가 농사의 절반을 차지한다고 믿고 있었으므로 반가워하지 않을 수 없었다.

위탁받은 농가에서 농우 역할을 시작한 후 1년 정도 지나면 새끼를 임신하게 되고 10개월 후면 출산하게 된다. 그때 암송아지가 태어나면 농가나 위탁자 모두 기뻐한다. 수송아지 경우에는 6개월 정도 지나면 지체 없이 싼 값으로 매각 처리한다. 장래 수익성이 낮다고 판단하기 때문이다. 물론 매각 대금은 농가가 위탁자와 절반씩 나누어 가진다. 암송아지는 6개월 정도 지난 후 대기하고 있는 다른 농가로 다시 위탁하게 된다. 이때 위탁받은 농가는 또 6개월 정도 키우면 큰 소로 자라서 농우 역할을 하는 것을 경험하게 된다.

처음 송아지를 위탁받아 키우면 성우가 되고, 농우로 활용하는 중에 송아지를 출산하게 되면 농가가 위탁자와 이익을 반반씩 나누어 가지게 되는 것이 관행이었다. 이에 따라 시간을 두고 두 마리를 출산하게 되면 농가와 위탁자가 한 마리씩 나누어 갖게 된다. 4-5년 정도의 시간이 경과하면 위탁자 수탁자 모두 송아지 한 마리씩 가지게 되는 구조이다. 이는 농우가 절실히 요구되는 농가 입장에서도 일정한 시간이 지나면 소 한 마리가 생겨서 농가의 재산형성에 크게 이바지하게 된다.

절약을 통한 저축은 그 당시 아버지가 재산을 모을 수 있는 유일한 방법이었다. 할아버지가 아버지의 월급 받은 돈을 관리해 주셨다. 어느 정도 금액이 모이면 논을 구입하기 위해 부자간에 논의하는 과정을 내가 직접 목격한 일이 있었다. 할아버지는 논을 살 때 '가격을 다른 사람보다 후하게 지불하도록 해야 한다'고 말씀하셨다. 그렇지 않으면 좋은 논을 살 수 있는 기회를 얻을 수 없게 된다고 강조하셨다. 아버지가 전답을 사 모으는 과정은 할아버지와의 오랜 논의 끝에 이루어졌으므로 모든 과정이 계획적으로 진행되었다. 그럼에도 불구하고 한 번은 좋은 위치의 옥답을 구입할 수 있는 기회를 놓치는 낭패를 경험하게 되었다. 판매자의 태도가 거만하고 허풍이 심하다는 이유로 아버지가 매입제안을 거절했기 때문이다. 이 기회상실 사건을 계기로 할아버지가 아들을 꾸짖는 장면을 본 적이 있다. 그 후 좋은 위치의 넓은 면적의 논이 매각 대상으로 나오자, 아버지는 팔려고 하는 사람과의 가격흥정을 쉽게 마무리하는 모습을 보여주었다.

  송아지를 사서 농가에 위탁하는 일은 농업에 본격적인 기계화가 도입될 때까지 20여 년간 지속되었다. 현금자산에 해당하는 소의 숫자는 총 32마리로 늘어났다. 소의 증식속도가 빨라서 5년마다 소유하게 되는 소의 숫자가 두 배로 증가하였기 때문이다. 아들이 미국 유학을 가게 되자 이웃 4개 마을에 위탁해서 소유하고 있던 소 28마리를 처분해서 경비로 지원해 주셨다고 했다. 그 이야기는 박사학위를 받고 귀국 후 아버지가 설명해 주어서 자세히 알게 됐다. 이야기 중에는 자녀가 유학을 간다고 논밭을 팔면 소문이 나쁘게 날 것을 염려했다는 부분도 있어서, 나는 귀국 후에도 처신에 각별하게 주의하게 되었다.

  '소를 농가에 위탁'하는 아버지의 의지는 농가에도 혜택이 돌아가는 일이어서 농민들로부터 환영받는 분위기였다. '누이 좋고 매부 좋은' 격이다. 소의 숫자가 32마리로 늘어난 것은 본인의 저축 정신에 따른 놀라운 변화가 아닐 수 없었다. 바로 '캐쉬 플로우' 방식으로 재산증식이 이루어지는 '카우테크' 덕분이다. 이 캐쉬카우가 아들 유학 경비의 원천이 되었다고 하니 '그분의 자식 교육에 대한 처신이 대단하다'는 말 이외에 적절히 표현할 방법이 없지 않은가. 그는 우리 부부에게 자녀 셋 다 유학시켜 오 박사 가정을 만들라는 여운을 남기고 떠나셨다.

강요된 저축

나는 강남으로 주거지를 옮겨가는 데 무려 10년이 걸렸다. 전셋집에서 출발해서 면목동 주택을 취득해서 생활하다가, 갈현동 주택을 1,050만 원에 구입하여 이사했다. 주택매입 자금은 아버지의 도움과 주택판매 대금 및 은행대출금이었다. 나는 주택을 취득하여 이사할 때마다 부족한 자금은 금융기관 대출을 활용한다. 맞벌이 부부로서 융자금 상환에 모든 노력을 쏟아붓는 원칙을 가지고 생활해왔다.

78년에 나는 갈현동 주택을 1,700만 원에 팔아서 평창동 대지 320평을 사는 데 몽땅 투자했다. 주택단지로서 서울에서 가장 뛰어나다는 평가 때문이었다. 그 해가 우리나라에서 최초로 부동산 투기가 일어난 시기이다. 내 수중에는 남은 돈이 없었다. 아내가 장모로부터 전세금을 빌려와서 새 출발을 했다. 당시 전세계약 기간은 6개월이어서 자주 이사 다녔다. 자녀가 셋이어서 아내가 전셋집을 얻으려면 애가 많다는 이유로 거절을 당하기 일쑤였다. 그다음부터는 유치원 다니는 큰애는 집에 두고, 한 아기는 업고 다른 아기는 걸리면서 집을

구하기도 했다. 네 차례의 전셋집 생활을 끝내고 빌라 28평형을 취득하여 옮겨 갔다.

 84년에 가락동 현대아파트 41평형을 7천 4백만 원 분양에 당첨됐다. 그 해가 내가 강남의 아파트로 옮겨가는 원년이다. 87년에 올림픽선수촌아파트 53평형을 2억 4천 7백만 원에 분양받았다. 그 후 경기과열로 주택가격이 계속 폭등하였다. 아파트 매매 호가가 15억까지 상승하였다. 그 무렵을 지나 올림픽패밀리아파트 68평형으로 갈아탈 이사계획을 밝혔다. 아버지와 아내가 '이제 이사 좀 가지 말고 좋은 환경에서 오래 살자'고 반대해서 그냥 머물기로 했다. 그다음부터 경기는 냉각되면서 아파트 가격은 크게 하락했다. 나는 이사 타이밍을 잘 선택해야 재산 가치를 보존할 수 있다고 생각한다. 이 말은 돈 벌 기회를 살릴 수 있다는 뜻이다. 선수촌아파트를 7억 2천만 원에 팔고 94년에 원하던 올림픽 페밀리아파트 68평형에 같은 금액으로 이사했다. 금융실명제가 실시되어 잔금 3억 4천만 원을 통장으로 받지 못하고 현금을 받게 되었다. 잔금 운반을 위해 집에 와서 자동차를 가져갔다.

 서울에는 '아직도 강북에 사십니까'라는 유행어가 퍼지고 있었다. 궁금해서 물어보는 인사말이 아니다. 급격한 경제여건 변화로 말미암아 사람들이 어디에 거주하느냐가 재산 가치와 신분 상승의 분위기를 완전히 다르게 느끼게 한다. 속담에 '남이 장에 간다 하니 거름 지고 나선다'는 말처럼 남이 하는 대로 맹목적으로 따라 하는 원래의 뜻을 무색하게 하리 만큼 '많은 소비자가 강남 아파트를 원하기 때문에 자기도 따라간다'라는 메시지이다. 오랫동안 한 동네에서 거주하다 보면 정들고 익숙해져서 다른 동네로 이사 가기가 쉽지 않다. 강북에서 주택을 마련해서 거주해온 분들은 강남 아파트로 옮겨간 분들과 비교해보면 재산 가치가 현저하게 차이가 나는 것을 느낄 수 있다.

2001년에 나는 올림픽 패밀리아파트를 10억 원에 매도했다. 경기가 반짝 살아난 덕분이다. 중개업자가 그 돈으로는 이와 비슷한 아파트를 살 수 없다고 으름장을 놓았다. 서초동 삼풍아파트로 이사할 계획이라고 하니 흔쾌히 동의하였다. 바로 그곳으로 달려가서 오후 늦게까지 기다렸으나, 아파트 주인이 밤늦게 돌아와 밤 11시에 삼풍아파트 62평형을 10억 원에 계약했다. 매도자가 부득이한 사정으로 그 집에서 2년간 5억 원에 전세를 살겠다고 해서 잔금 5억 원만 지불했다. 나는 경기가 호전되어 가격이 오르기 시작하면 그 확산속도가 너무 빨라서 전쟁하듯이 민첩하게 대응하지 않으면 계약을 성사시킬 수 없다는 것을 체험했다. 당장 입주할 목적으로 알아보던 중에 분당 정자동 미켈란쉐르빌아파트 64평형을 프레미엄이 붙은 상태에서 7억 4천만 원에 매입했다. 전세를 주었던 삼풍아파트 가격이 크게 올라 19억 원에 팔고 차익금에 대한 세금 3억 5천만 원을 납부했다. 나는 그동안 아파트 담보대출로 남은 금융기관 융자금을 모두 상환할 수 있어서 큰 기쁨을 느꼈다.

고도성장기에는 금융기관으로부터 빚을 내서라도 큰 아파트로, 또 빈번히 이사 가게 되면, '강요된 저축'을 통해 재산이 빠르게 증가한다. 나는 그 이유를 작은 아파트에서 큰 아파트로 옮기려면 금융기관의 대출이 불가피하며, 높은 물가상승률을 의식하여 빨리 융자금을 상환하려는 노력 때문이라고 생각한다. 가령 2-3년 내에 5천만 원을 상환했다고 가정하면 인플레이션으로 말미암아 아파트 가격은 1억 5천만 원 정도 상승하였을 것이다. 강요된 저축으로 내가 5천만 원을 버는 동안에 인플레이션이 1억 원을 벌어주었다. 나는 '강요된 저축'이 우리를 부자로 만들어주는 '자본이득'의 가장 중요한 원천이라고 믿고 있다.

노무현 정부 말기에 부동산 가격이 폭등하였다. 이 무렵에 나는 성인이 된 자녀 셋에게 아파트를 구입하도록 자금지원을 하고 독려했다. '경기의 정점에서 상투 잡은 격이다.' 계속 가격 상승세가 이어지다가 정점을 찍은 후 가격이 폭락하는 장세가 수년 동안 유지되었다. 그 후 몇 년이 지나면서 아파트 가격이 반 토막 난 처참한 상황을 겪었다. 나도 분당 미켈란쉐르빌아파트를 가격이 가장 높은 15억 원에 판매할 기회를 놓친 경험이 있다. 그 아파트를 전세 주고 새로 구입한 주택에 입주하는 우를 범하기도 했다. 그 후 아파트를 정리해야 하는 시기에 이르러 나는 허둥지둥 쉐르빌아파트를 최고가격 대비 50% 하락한 금액에 매각하고 말았다.

'강요된 저축'은 경제학에서 말하는 강제저축이다. 아파트 가격상승으로 얻게 되는 자본이득은 본인 노력과 경제성장에 따른 인플레이션이 발생시키는 이득의 합계이다. 나는 이사를 빈번히 다니기 위해 담보대출을 이용하는 것을 권유한다. 기술개발자가 실패를 두려워하지 않는 것처럼 우리는 변화에 두려워하지 않아야 하지 않을까. 경기변동에 대응하는 데도 용기가 필요하다. 아직도 강북에 사느냐고 항의할 수 있는 사람들은 '변화에 대응하는 자세와 용기 못지않게 융자금을 상환하기 위해 저축을 생활화하는 태도'가 그들의 신분 상승을 이끈 근본 원인이지 않은가.

숲속의 길

　문득 산책을 하고 싶다. 등산화를 신고 등산모를 쓰고 수건을 허리춤에 걸치고 물 한 병을 챙긴다. 즐겁다. 걸으러 간다니 다리가 신이 난다. 걷기는 건강에 좋은 유산소 운동이다. 심장에 큰 부담을 주지 않고 고령에 접어든 나에게는 적격이다. 나만의 즐거움을 추구하는 대표적 활동인 숲속의 산책은 스트레스 해소에 도움을 준다. 나는 숲속에서 걷기를 위해 등산로를 찾았다. 기흥에 소재하는 수원 CC의 뒷산 등산로다. 산 정상을 향한 오르막 급경사가 심한 편이어서 이곳은 북한산의 둘레길을 따라 등반하는 산행로보다 난이도가 더 높을 것 같다.
　참나무를 비롯한 활엽수 지대를 걷는다. 능선을 지나면서 오래된 소나무 숲으로 형성된 산림지대가 나타난다. 산골짜기와 구릉지에 이은 오르막 내리막 경사지가 연속된다. 산골짜기가 군데군데 있는가 하면 구릉지에 이어 완만하면서도 가파른 오르막 경사지가 나타난다. 한참 동안 능선을 지나가면 나무뿌리가 엉킨 길이 나오는가 하면 돌부리가 뒤섞여 있는 오르막길이 나온다. 이 지점은 깔딱고개 형상을 지녀서 고약하다는 느낌이 들 때가 있다. 산 정상을 지나면서부터는 평평한 황톳길에 이어 마사토 위에 솔잎이 곱게 깔린 길이 나온다.

등산로 코스는 내리막 경사와 오르막길이 반복되는 특징이 있다. 출발할 때부터 너무 의욕을 내면 곧 닥쳐올 오르막 급경사지를 맞이해서 어려움을 겪게 된다. 그래서 처음에는 편안한 마음으로 걷는 것이 좋다. 1km 지점에서부터 가파른 오르막이 계속되다가 정상에 이르게 된다. 이 구간에서는 누구나 걷는 속도가 느려지고 보폭이 좁아진다. 오르막이 심해서 힘이 많이 든다. 경보하는 사람처럼 자세가 오리궁뎅이 모습을 보이면서 자주 걸음을 멈추고 잠시 쉬기도 한다. 호흡을 몰아쉬면서 참고 전진하면 이내 정상에 도착하여 안도의 숨을 쉬면서 의자에 걸터앉아 휴식을 취한다. 한숨을 돌리며 바라보는 풍경은 여유롭다.

출발해서 한참을 걸으면서 정상을 향한 오르막 급경사를 맞이할 때는 미국 유학할 때 숨 막히게 바빠서 쩔쩔매면서 어려움을 맞이했던 때를 떠올렸다. 바로 대학원장으로부터 2년 안에 동시에 두 개의 석사학위를 받기 위한 승인을 받고 난 후의 과목 이수와 졸업논문준비로 정신없었을 때였다. 시간문제 못지않게 비용문제가 관건이었다. 다행히 논문은 특별과제로 심사위원들이 승낙해주어서 나의 부담은 가벼웠으나 제한된 시간에 두 학위에 필요한 과목을 이수하고 모든 요구조건을 충족하는 과정은 물리적 한계를 느끼면서도 지켜야만 했기에 주말과 밤낮이 모자람을 느낄 때가 많았었다. 두 개의 석사학위를 3개월 차이로 받으면서 산 정상에 도착해서 휴식을 취할 때의 만족스러운 느낌이었고, 두 번째 경제학 석사학위는 박사학위과정 입학과정에서 지도교수로부터 크게 환영받도록 만들어 준 계기가 됐다.

  정상을 지나 내리막 구간에 이은 평지에서는 여유롭게 걸으면서 주변의 자연현상을 관찰하는 게 좋다. 수목은 태양 빛을 이용하여 이산화탄소와 물을 흡수하여 필요한 영양분을 합성하도록 한다. 숲속에서는 산소를 많이 배출하기에 우리가 숨쉬기가 편하고 시원하게 느끼게 된다. 이후 평지의 소나무 숲으로 울창한 지점을 지나면서는 편안하게 걸으면서 자연 친화적인 기억을 새겨볼 수 있다. 숲이 주는 효과로 산림욕에 이어 수목이 해충이나 병원균을 살균하기 위해서 뿜어내는 파이톤싸이드 phytoncide의 효능을 생각하기도 한다. 이 물질은 일본식 발음으로 피톤치드라고도 한다. 소나무 숲을 지나면서 인간은 나무에서 방출되는 타르펜류의 여러 가지 화합물로 이루어진 이 물질로부터 향긋한 냄새와 평온함마저 느끼기도 한다.

  식물이 자신을 보호하기 위해서 방출하는 이 물질은 사람들에게 스트레스를 완화시키고 심리적 안정에 도움을 준다고 알려져 있다. 과학의 힘이 놀라울 따름이다. 산책은 우리에게 항상 즐거움만 제공하는 것이 아니라 고통을 수반하기도 한다. 지형이 가파르고 오르막과

내리막이 있고 가끔은 길바닥이 나무뿌리로 엉켜 있어서 걸으면서 넘어지기도 하고 돌부리를 걷어차서 쓰러지기도 한다. 이 구간을 지날 때는 앞을 살피는 주의가 필요하지 않을까. 자연 속에서 걸을 때는 머릿속에 어떤 걱정이나 고민거리를 지운 상태인 맑은 정신을 유지하는 것이 관건이다. 정신건강을 위해서다. 숲속을 걸을 때 잘못된 자세는 무릎관절에 지나친 부담을 줄 수 있다. 불편한 자세는 우울증과 피로감을 늘리기도 한다.

자연 속에서 걷기를 시작한 후 40분이 되는 지점에서 휴식시간을 갖는다. 이때는 땀을 닦고 물을 마시면서 옷깃을 풀면서 쉰다. 시원한 바람을 맞으면서 스트레스를 날려 보낸다. 소나무 숲길을 걸으면서 초록색 식물들을 관찰하다가 쉬게 되니 일상생활에서 오는 스트레스는 날려버리게 된다. 신발을 벗고 양말을 신은 발의 코어근육을 만져준다. 발의 수명은 대략 60년인데 최근 년에 와서 수명연장으로 80세를 넘긴 사람들이 많아지니, 우리의 발은 이제 수명을 다하고도 혹사당하고 있음을 유념해야 하지 않을까.

숲속의 길을 따라 6km를 걷는 산책은 한 시간 반이라는 짧은 시간 안에 끝났다. 자연의 편안함과 아늑함, 산책의 쾌적함과 산책에서 얻은 즐거움은 나를 한결 유쾌하게 해준다. 내가 느낀 성취감은 마라톤 경기를 완주한 선수가 체험한 바와 무엇이 다르겠는가.

팀티칭의 함정

　인류생존에 필수적인 식량문제를 세계인구 증가요인과 결부시켜 생각해본다. 이를 대학생들에게 올바르게 이해시키는 일은 여러 교수가 매우 뜻깊을 것이라고 했다. 이 문제와 관련하여 교수들 간에 오랫동안 의견교환이 있었다.
　나는 그 논의 과정의 중심에서 일정한 역할을 맡을 수밖에 없었다. 그동안 대단위 강의를 해온 경험 때문이다. 이런 논의 과정을 거쳐 '인간과 식량'이라는 전교생을 대상으로 하는 교양과목이 탄생한다. 강의방식은 공동강의 형식인 팀티칭으로 설정했다. 강의를 담당할 교수는 식량 관련 분야 전공이 다른 5명의 교수를 선정했다.
　식량 생산을 위해서는 작물 재배환경인 토양관리와 비료공급, 작물 재배기술이 식량 공급에 큰 비중을 차지한다. 식량의 소비형태와 유통 및 분배방식은 수요에 영향을 미친다. 세계적 식량문제의 특징을 분석하고 세계인구증가 문제를 파악한다. 나는 공동강의를 하게 되는 인간과 식량 과목의 주임교수를 맡게 되었다. 강의 목적을 밝힌 강의 개요와 교수 요목을 작성한다. 식량 생산을 위한 작물 재배와 생산기술 분야를 식량자원 학과 교수 2명이 담당하고, 작물 재배환경인 토양과 비료 분야를 농화학 전공 교수가 담당한다. 경제발전과 식량 유통문제를 비롯한 세계 식량문제와 인구문제에 대한 강의는 식품자원경제학과 교수 2명이 담당한다.

인간과 식량 과목개설은 학기마다 두 개 반인 인문계와 자연계로 한다. 1학기 인문계 반은 법대와 경영대로 하고 자연계는 공대와 이과대, 2학기 인문계 반은 문과대, 정경대, 사대로 하고 자연계는 생과대, 보건대 학생들이 수강토록 한다. 이 과목은 교양과목 3학점으로 지정되어 월, 수요일에 90분씩 강의가 진행됐다. 실제로 개강하면서 학생들로부터 인기 있는 과목으로 알려져 수강인원이 300명 정도였다. 참여하는 교수들은 환영하는 분위기 속에서 강의가 산듯하게 출발하였다. 특히 자연계 교수들은 평소에 30-40명을 상대로 강의해왔기에 대단위 강의 분위기에 크게 고무되어 높은 만족감을 보였다. 그들은 대단위 강의에 임하는 철저한 준비와 열정적인 강의 노력에는 신경을 쓰지 못했다. 나중에 후회할 날이 올 줄은 몰랐던 함정이 아니었을까.

공동강의 형식으로 교과를 진행하므로 조정하는 역할이 중요하다. 그 역할은 내가 맡기로 하고 교과 진행 과정에서 발생하는 문제 해결과 강의 균형을 유지하는 것이었다. 시험문제 출제와 성적평가 과정에서 제기되는 상대평가에 따른 성적분포 조정 등은 모두 내 몫이었다. 개인교수 입장에서는 출제한 문제에 대해서 학생들이 좋은 답안을 작성했으니 모두 우수한 성적을 부여한다. 그럴 수도 있다. 문제는 학교의 상대평가 시스템이다. 상대 평가제에 맞도록 성적순위의 차등을 두어야 한다. 어느 학기에는 내가 출제한 학생들의 성적을 의도적으로 분포의 차등화를 두어 전체 과목의 분포로 활용한 적도 있다. 팀티칭이 가지는 구조적 결함이 아니겠는가.

몇 학기가 지나고 학기말 고사가 가까운 어느 날 모 방송국 기자가 나에게 전화를 걸어왔다. 인간과 식량 주임교수가 맡느냐고 확인한 후 그는 다음과 같이 말했다. "인간과 식량 과목의 시험 모범답안지를 학생들이 학교 정문 앞에서 판매하고 있다"는 정보를 듣고 놀라서 학교를 방문해서 부정 시험현장을 취재하고자 한다고 통보해왔다. 카메라 기자를 대동한다고 알려주었다. 가슴이 철렁 내려앉는 일이다. 터질 것이 터지자 막다른 경지에 이르렀다고 해야 할까. 이 일을 어떻게 해결하나를 고심하던 끝에 내린 결론은 이 과목의 특징인 팀티칭으로 진행한 취지부터 중간고사를 생략하게 된 경위와 학기말 고사의 성적만으로 학생성적을 평가하는 전 과정을 소개하기로 했다.

강의 개요에 따라 교수 5명이 팀티칭을 할 수 있도록 각각 3주간 강의할 학습 내용을 준비한다. 식량자원 학과 교수 2명은 식량 생산을 위한 육종 재배방식과 식량 생산기술을 담당하고, 농화학과 교수는 식량 생산 환경 개선과 토양 비료 분야를 강의한다. 식품자원경제학과 교수 2명은 경제발전과 식량 유통 분배문제를 비롯하여 세계 식량문제의 특징과 인구증가문제에 대하여 강의를 담당한다. 중간고사 기간이 되어도 학생들은 교과목의 전모를 파악하지 못해서 어려움을 겪는다. 이 점을 고려하여 중간고사는 레포트 제출로 대체하고 학기말 고사로 평가한다. 학기말 고사 문제는 학기에 따라 다섯 논술문제 또는 세 논술문제를 출제한다. 시험 후 답안지는 공동으로 채점하고 상대평가인 객관식 배점 방식을 따르도록 한다. 수강자 중에는 우수한 학생이 많아서 시험 예상문제를 중심으로 모범답안지를 만들어서 학생들 간에 함께 공부한다는 말도 들린다. 위 내용을 A-4 용지 한 장에 요약한 것을 취재차 방문한 기자에게 제시하였더니, 설명을 잘 들었다고 하면서 인사를 하고 다녀갔다.

  인류 장래를 전망하는 데는 식량문제와 인구문제가 핵심이다. K대 생명과학대는 '인간과 식량' 과목을 전교생에게 강의했다. 일부 교수는 몇 가지 문제점을 노출시켰다. 팀티칭은 세 가지 함정에 빠지는 일을 겪은 것이다. 우선 시험성적을 높게 준다. 자신의 유능함을 인정받고 싶어서일까. 이는 자기중심적 사고에서 공동체적 균형감각을 잃은 처사이지 않은가. 다음으로 시험문제를 고착화한다. 새로운 질문이 당연하지 않은가. 학기가 바뀌면 학생이 달라진다고해서 같은 문제로 평가할 수는 없지 않은가. 마지막으로 강의 노트를 개선하지 않는다. 목사나 신부는 매번 다른 설교를 하고 있다. 심지어 교수가 변화와 혁신을 멀리하고서 어떻게 발전을 기대할 수 있는가. 참 부끄러운 일이다. 나는 이 교과 운영에 참여해왔으나, 팀티칭의 세 가지 함정에 빠지는 오류를 확인한 후 그만두었다. 그 후 1년이 지나 이 과목은 역사 속으로 사라졌다. 만약 교수들이 상대방을 배려한 균형을 유지하고, 학생들을 위해서 성실하게 꾸준히 변화하는 노력을 보여주었더라면. 씁쓸한 느낌이다.

바다목장

　우리나라는 삼면의 바다를 활용하여 수산자원 증식을 추구하고 있다. 인위적으로 어자원의 산란장과 서식장을 조성하고 우량 종묘를 대량방류한다. 인공어초나 바다, 숲, 어초 등에 대한 시설투자를 적극적으로 추진하고 있다. 수중에 설치하는 스피커와 첨단전자장비인 급이장치가 대표적이다. 음향순치音響馴致 원리를 이용한 먹이 공급은 어류를 정착시켜 양육함으로써 어획의 지속가능성을 높여주고 있다. 바다목장은 수산자원 증식의 장소로서 현재 우리나라 연안으로부터 2km까지 해역을 입체적 공간으로 활용하고 있다.

　물고기를 위한 신도시 건설은 어초시설을 설치해서 물고기가 살 수 있는 집을 만드는 것이다. 나는 바다의 수심 10-15m 중에서 상층부인 7-8m까지는 어자원 증식에 활용하는 공간으로 이용을 도모하고, 하부의 해저면에는 패류인 전복을 양식하는 것이 바람직하다고 생각한다. 바다목장의 조성은 서식기반 조성과 수산자원조성 서식환경 개선이 핵심이다. 바닷속의 그린벨트라 불리는 바다 숲 조성이 필요하고, 바닷속 어장이라고 하는 인공어초 구조물을 설치하고, 수산종자 관리를 위해 방류를 실시한다. 바다 숲 조성이란 갯녹음으로 연안 암반의 해조류가 사라진 바다 사막화를 방지하기 위하여 실시하는 연안 생태계 복원사업을 말한다.

  바다목장은 인공어초나 바다 숲 어초 또는 자연석 등을 시설하여 물고기가 서식하고 성장할 수 있는 서식지를 조성하는 '울타리 없는' 해역이다. 해양에 서식하는 식물은 해조류와 해초류로 구분되는데 해초류는 잎 줄기 뿌리가 있다. 해조류는 바다 생태계의 먹이사슬에서 보면 초식성 물고기의 주요한 먹이 원천이다. 수산 생물에게 서식처를 제공하기 위해 해조류를 번성시킨다. 인공어초는 바닷속 어류를 끌어모으고 어류를 정착시켜 자라게 하는 어장시설이다. 어초사업은 어류의 서식환경과 특성을 이용한 대표적 자원조성방법이다. 수산 종자 방류는 지속 가능한 자원조성을 도모하고, 종자의 유전관리를 강화한다. 종자의 유전관리를 위해서는 종자 인증제를 채택하고 유전적 다양성 모니터링을 실시한다.

  전통 어업과 양식업에 비교하면 바다목장은 확연히 다른 특징을 지니고 있다. 기존의 '잡는 어업'에서 '기르는 어업'으로 전환한 것은 분명하다. 이는 자원 약탈형 어업에서 지속 가능한 어업으로 지향하는 형태이다. 과거 양식업에서는 어초 설치나 종자 방류에 의한 수산자원 조성을 하는 경우에도 어획 통제가 불가능했다. 그러나 오늘날 바다목장은 첨단전자기술을 활용하여 어획을 통제할 수 있게 된 점이 특징이라고 할 수 있다. 물고기가 멀리 도망기지 못하도록 하기 위해서 첨단 전자기술을 활용한다는 점이다. 음향을 이용하여 물고기의 조건반사를 활용하여 먹이를 공급함으로써 결국은 어류를 한곳에 정착시킨다. 이는 장기적으로 어획의 안정화를 도모할 수 있는 계기를 마련해 주고 있어서 자못 기대된다.

참돔을 양육하는 바다목장의 사례를 통해 좀 더 깊이 있게 살펴보자. 먼저 인공 부화된 치어稚魚를 육상수조에서 2개월 동안 길러서 3cm쯤으로 성장하면 해중의 가두리로 옮긴다. 치어 시기부터 먹이를 줄 때까지는 반드시 특정 음을 스피커로 흘려보내 음향에 대한 조건반사식 급이 순치가 이루어지도록 한다. 이 과정을 4개월 정도 거쳐 10cm 정도로 키운 뒤 바다에 방류하여 자연상황에서 성장케 한다. 이 기간 중에는 육상관리동으로부터 일정 시간에 먹이를 주기 전에 수중 스피커를 통해 일정한 소리를 내보내 물고기에게 식사시간을 알린다. 먹이를 주는 횟수는 하루 5회 가량이다. 음향과 먹이공급을 통해 조건반사 하도록 길들여 놓으면 어류가 멀리 달아나지 않고 일정한 해역에 묶어둘 수 있지 않은가.

우리나라 시범목장사업은 시범사업과 연안사업으로 구분된다. 시범사업은 해역별 특성을 고려한 모델을 개발하여 전국의 연안으로 목장사업을 확대하는 기초를 마련하기 위한 것이다. 시범목장사업은 국비연구개발 사업으로 1998년부터 2013년까지 16년 동안 5개소에서 추진되었다. 통영의 어로형, 여수의 다도해형, 울진의 관광형, 태안의 갯벌형, 제주의 혼합형이다. 시범사업 중에서 완성도가 높은 곳은 통영이다. 이곳의 어장조성 시설투자는 인공어초 5,500개, 해조장 60개, 음향급이기 2곳, 환경제어 모니터링 시스템 6곳 등이다. 자원조성은 이동성이 적은 어종인 조피볼락과 볼락 약 750만 마리를 방류하였다. 총사업비는 연구비 52.5%로 시설비를 약간 앞지른다. 연안 목장사업은 시범사업에서 축적한 지식 기술 정보를 적용하여 5년 내에 바다목장을 조성하는 사업이다. 2022년까지 50개를 완성할 계획이다. 우리나라 시범목장사업은 비용편익 비율이 2.48-3.52로서 연안사업의 그것보다 경제성이 훨씬 뛰어난 것으로 평가된다.

육상목장에서 가축 사육자는 소 양 돼지 등의 가축을 사육하며 낙농제품을 생산하는데 필요한 활동을 수행한다. 그들은 가축의 번식기술과 사육기술에 대한 지식을 바탕으로 가축을 사육 관리할 뿐만 아니라 양질의 고기를 확보하고 우수한 우유를 얻기 위해 사료의 배합과 공급량을 조절하여 가축에게 먹이를 준다. 한편 수산자원조사원은 어획량관리 강화에 초점을 맞추고 있다. 총허용어획량 TAC 제도를 도입하고 있다. 이 제도는 어종별로 연간 잡을 수 있는 어획량을 허용하고 있다. 과거의 약탈적 이용에서 벗어나 수산자원을 인위적으로 조성 관리하는 정책에서 보면 지속 가능한 어획을 보장해주는 시스템은 필연적이지 않겠는가.

우리나라는 세계에서 일본에 이어 두 번째로 바다목장 사업을 실시하고 있다. 1인당 연간수산물 소비량이 58.4kg으로 세계 제1의 소비국이다. 연간수산물 생산량은 국내 쌀 생산량과 비슷한 368만 톤이며, 그중에서 250만 톤이 연근해 바다목장에서 생산되고 있지 않은가. 바다목장은 우리의 미래 식량기지이다. 그 발전 가능성은 거의 무한하다. 우선 그 경계선을 수산물 수요증가에 따라 우리 영해로 확대할 수 있다. 더욱이 기술발전의 속도가 빨라지고 있으며, 동시에 해양오염방지 등 환경개선 기술개발의 가능성도 열려 있기 때문이 아닌가.

우리 땅을 푸르게

　독도는 우리 땅이다. 경상북도에 소속된 외딴 섬이다. 국민은 누구나 한 번쯤은 독도를 방문해서 발자취를 남기고 싶어 한다. 오늘도 세차게 불어오는 바람과 떼지어 나는 갈매기를 배경삼아 민정경찰이 의연하게 경비를 서고 있다. 작가들은 독도를 소재로 시 소설 수필을 써서 나라 사랑에 대한 온갖 글을 남긴다. 그곳에서 무궁화 꽃이 피는 것을 상상하면서 국민을 일깨우고 자긍심을 불어넣기 위함이다.
　K대 교수들은 동아일보사의 의뢰를 받아 나라의 꽃 무궁화 품종개발과 전국에 보급하는 사업을 삼 년째 해오고 있다. 이 사업은 나라 사랑에 대한 애국심을 고취시키고 잊혀져가는 무궁화의 소중함을 일깨우기 위해 시작됐다. 그들은 열 개의 무궁화품종을 개발하고 묘목을 보급하면서 독도에 관심을 가지고 그곳에 무궁화 식재 가능성을 확인하고자 독도 방문을 원했다. 이를 추진하기 위해 그들은 '시련을 견뎌야 봄도 온다'는 심정으로 삼 년째 해양경찰청에 공문을 보내면서 기다렸다. 그런데 무슨 영문인지는 몰라도 매년 팔월 말경에 동해

상에 풍랑이 심하고 방문여건이 불가능하다는 이유로 방문이 어렵다는 답신을 보내왔다.

  어느 날 나는 교수휴게실에서 교수들이 이에 대해 불만을 표출하는 것을 목격했다. 나는 학자적 양심과 애국심의 발로로 관심을 갖게 된 그들의 독도 사랑에 대한 의지를 인정해주지 않는 정부의 처신이 못마땅하다는 느낌을 받았다. 정부가 이들의 방문을 거절하는 이유가 분명하지 않아서 나는 해당 학과 교수 두 명을 데리고 해양경찰청에 가서 담당과장을 만났다. 교수들은 "독도가 분명히 우리 영토인데 생태계 녹화를 위한 방문을 허가하지 않는 점은 이해하지 못한다"고 했다. 그 후 과장은 국가기밀사항이므로 "독도 방문은 일체 허가하지 않는다"는 말을 반복했다. 그러자 동행한 두 교수가 나에게 그만 돌아가자고 했다. 나는 이대로 갈 수는 없다고 느꼈다. '그러면 뭐하러 이곳에 왔지' 하고 해양경찰청에서 확실한 답을 줄 수 있는 분을 찾아야 한다고 생각했다. 그래서 누구를 만나면 답을 들을 수 있는지를 과장에게 집중적으로 문의했다.

  나는 우리나라가 독도를 실효 지배하고 있으므로 국제분쟁지역으로 끌고 가려는 일본의 전략에 말려들지 않는 것이 옳다고 생각한다. 이런 관점에서는 국내에서 문제를 일으키지 않고 조용한 분위기를 유지하는 것이 타당할 수도 있지만, 국가가 의연하면서도 적극적으로 대응할 수 있음을 잊어서는 안 된다고 생각한다. 나는 자국민이 자기 나라 땅을 사랑하고 방문해보고 싶고 또 나아가 나라의 꽃 무궁화

이식이라도 할 수 있으면 하는 소박한 연구심리마저 충족시켜주지 못하는 게 그저 아쉬울 따름이다.

  그런 일이 있은 지 한 달이 지난 어느 날 해양경찰청으로부터 독도 방문을 허가한다는 전화 통보를 받았다. "다음 날 오전 열 시에 묵호항에서 해양경찰 5,000톤급 함정이 출발해서 울릉도에서 일박하고 다음 날 독도까지 운행하니 이 함정을 이용해서 독도를 방문하라는 내용"이었다. 교수들은 바로 따르기로 했다. 십여 명이 그날 오후 일곱 시에 청량리에서 기차로 출발해서 묵호항으로 간다는 소식을 나는 뒤늦게 들었다. 이 말을 듣는 순간 걱정이 앞섰다. 교수들이 묵호나 울릉도에 갔을 때 경찰서장이 상부로부터 연락을 받은 적이 없다고 하면 어떻게 할 것인지에 대한 의문이 떠올랐다.

  나는 황급히 담당과장에게 달려갔다. 교수 열 명이나 이동하는데 "아무런 증명서 없이 전화로 연락하는 법이 어디 있느냐"고 항의했다. 그랬더니 대답이 걸작이었다. 독도 방문은 국가기밀사항이기 때문에 "허가하는 자체가 기밀"이라고 강조했다. 증명서가 필요하다고 말하니 국가기밀보관함에서 '붉은색 두 줄이 그어진 비밀허가증'을 가져와서 보여주었다. 나는 이 증서를 보는 순간 허가에 대한 확신이 생겼다. 이제는 확실히 독도를 방문할 수 있겠구나 하는 안도감이었다. 그래서 씩 웃으면서 이를 복사해달라고 해서 결국 사본을 소지한 채 오후 늦게 교수들과 합류해서 묵호항으로 출발했다. 사실은 허가증이 없으니 국가기밀문서 사본이라도 빼앗듯이 가져올 수밖에 없었다. 이 증명서를 가지고 묵호항에서 출발해서 울릉도에서 일박한 후 독도를 무사히 다녀오게 되었다.

　독도 방문은 그렇게 이루어졌다. 이번 방문은 울릉도 독도 여행에 따른 상쾌함과 그동안 추구했던 성과를 모두 달성함으로써 참가자들의 만족감은 두 배로 커졌다. 특히 해양경찰함대를 이용하도록 허가해준 덕분에 우리 교수들은 경제적 혜택도 크게 받았다. 또 큰 성과를 거두었다. 바로 화산활동으로 형성된 토양과 온난다습한 기후로 토양의 심도가 얕지만 60cm인 곳도 있음을 알아내고 독도에 무궁화 묘목 이식이 가능함을 확인했다. 그 이유는 교수 일행이 독도에서 짧은 체류임에도 불구하고 도착하자 각자 맡은 대로 자료를 모으고 직접 관찰을 통해 식생 현황, 수목 종류, 토양과 그 심도, 풍속 등을 모두 파악했기 때문이었다.

　이번 방문은 깜짝 손님처럼 찾아온 기회였음에도 불구하고 독도에 무궁화 꽃이 필 수 있다는 것을 확인시켜준 성과는 우리 국민 모두에게 감동과 자긍심을 유발하기에 충분하지 않은가. 추진하면서 보고된 내용 중에는 '군경에서 흔히 있는 에피소드'를 발견했다. 방문 목적에 독도 녹화綠化라고 표현한 것은 초본, 목본식물로 우리 영토를 푸르게 가꾸기 위한 것인데, 촬영해서 화면으로 보존하는 녹화錄畫로 쓰여 있어서 실수 아닌 '해프닝'이 되고 말았다. 보는 순간 '나'라도 바로잡아 줄 걸 하는 후회가 남는다. 처음부터 독도 녹화보다는 '우리 땅을 푸르게'라고 썼더라면.

무제한

　오늘은 학기말 시험이 있는 날이다. 종강하던 날 나는 학기말 시험에 관하여 학생들에게 미리 알려준다. 시험문제는 논술형 세 문제를 출제하고 그중에서 한 문제는 난이도를 높게 설정하였다. 시험형식은 논술식으로, 답안은 무제한으로 작성할 수 있고, 답안용지는 무제한으로 제공했다. 학생들로서는 처음 경험해 보는 시험방식이다. 시험시간은 정상적으로는 50분인데 10분을 연장하여 60분으로 허락했다. 충분한 시간을 허용하니 시험문제에 대하여 알고 있는 모든 것을 답안지에 옮기라는 뜻을 시사한다.
　시험도 교육이라고 하더니 시험시간도 학생들로 하여금 그동안 강의실에서 배운 것, 도서관에서 참고서를 통해서 알아낸 것, 그리고 신문 방송 등에서 시사 문제로 거론됐던 관련 내용을 파악한데로 답안지에 옮기라는 교육적 목표가 있는 모양이다. 오늘 학생들이 시험을 보는 과목은 '자연자원과 경제생활'이다. 매우 흥미롭게 수강한 핵심교양과목이다. 이 과목은 전교생을 대상으로 한 강의인데 사회의 변화에 따른 비판적 사고력을 배양하는 데 목표가 있다. 학생 수는 대단히 많다. 인문계반 603명과 자연계반 500명이 한 자리에서 시험을 보기에 답안을 작성하는 과정에서 치열한 경쟁의 모습을 엿볼 수 있을 것 같다. 이처럼 수강생이 많은 이유는 초기에 학생들의 수강신청을 모두 받아들였기 때문이다.

시험장소는 인촌기념관 대강당이다. 한 과목을 두 반이라고 해서 다른 장소에서 각각 다른 문제로 시험을 치를 수는 없다. 시험의 형평성과 공정성을 위해서는 동일한 시험문제로 같은 시간과 장소에서 시험 보는 것이 마땅하지 않겠는가. 나는 학기말 고사를 치르는 장소가 너무나 협소하다는 사실을 알게 됐다. 대강당은 최대 수용 규모가 1,000석이다. 시험 응시자 수는 1,103명이다. 시험이 있는 날에는 전원 출석한다. 103석이나 부족한 자리를 마련할 수 있는 묘안을 찾아내야 했다.

그 해법으로는 강당 전면의 단상을 활용하고 강당 좌석의 전면과 측면을 포함한 여백의 공간과 모든 통로를 이용하는 방법밖에 없었다. 60여 명을 단상에 좁혀서 앉도록 공간을 배정하고 나머지 43명은 통로나 그 밖의 공간인 바닥에서 시험을 치르게 했다. 이들은 강당의 본 좌석에 딸린 필기할 수 있는 받침이 없기 때문에 엎드려서 답안지를 바닥에 두고 작성해야 했다. 여간 불편한 일이 아니었다. '조선 시대에 엎드려 보는 과거시험'과 비슷했다. 더욱 협소하게 느끼게 한 것은 감독관 조교 20명도 이미 강당에 입장했기 때문이다. 시험을 치르는 시간에 대강당은 입추의 여지 없는 상태다. 발 디딜 틈도 없다. '도떼기시장보다 나을 게 없다.' 그야말로 진풍경이 벌어진 것이다. 이 같은 초유의 사태는 지금까지 한 번도 경험한 적이 없었다.

시험시간 15분 전부터 수강생들의 입실을 허용하면서 나는 입실할 때 답안용지 2-3매와 시험문제지를 나누어 주고 순서대로 강당에 착석하게 한다. 입실이 완료되고 시험준비가 끝나면 담당교수인 나는 시험문제에 대해서 설명하고 무제한 답안용지 사용과 무제한 답안지 작성요령을 주지시킨다. 장소와 여건이 미비한 점이 있어도 수험생들은 허용된 시간 60분을 모두 활용해서 만족스러운 답안을 작성해 줄 것을 요청한다. 시험은 그동안 배운 실력을 유감없이 발휘하는 교육의 일부라는 점을 상기시키고 자리를 떠난다.

시험 감독 업무는 조교들의 몫이다. 입실할 때 책, 노트, 책받침, 참고서 등 모든 소지품은 허용한다. 소지품 검사는 없고 복장도 모두 자유다. 시험시간 60분을 사용해서 답안지를 작성하는 것은 모두에게 허용된다. 완전한 자유경쟁 속에서 답안용지 무제한 사용과 무제한 작성이 허용된다. 이 방식은 학생들로 하여금 컨닝을 아예 생각지도 못하게 만든 '신의 한 수'로 판명되었다. 시험장에서는 일어날 불편사항 등을 면밀히 챙기는 일이 중요하다. 특히 좌석이 불편한 학생들에게 위로를 해주면서 답안지를 작성할 수 있도록 배려해 줘야 한다.

시험이 시작되자마자 분위기는 적막할 정도로 조용해지면서 답안지에 펜으로 답을 쓰는 소리만 들릴 뿐이다. 답안지를 열심히 작성하고 진도가 나가기 시작하면 추가 답안용지를 요구하는 소리가 여기 저기서 들린다. 그 무렵이 되면 답안지 작성속도가 빨라지면서 뒤집는 소리 또한 소란스러워진다. 심지어 좁은 좌석에서 여러 답안지가 겹쳐지는 등 소음이 확산되기까지 한다. 이처럼 시험답안지에 파묻혀 있는 장면은 또 뭐라고 표현할 수 있을까. 역시 진풍경이다. 정상적인 시험에서는 결코 볼 수 없는 장면이다. 답안지를 써 내려 가면서 촌음을 아껴 쓰기까지 하는 모습이 보인다. 답안지가 수북이 쌓여 가도 옆자리에서 누가 곁눈질이라도 할까를 염려했을 평상시의 장면과는 너무나 다르기 때문이다.

 시험시간이 끝나면 그동안 작성한 답안지를 들고 전면으로 나와서 대학별 소속 학과명을 표시해둔 답안지 회수 장소에 제출하기 시작한다. 답안지를 제출할 때 해당학과를 찾으려고 상당부분 뒤엉키는 모습을 보면 또 한 번의 진풍경을 느낀다. 순간적으로 무질서의 극치처럼 연출될 때도 있다. 그러나 그 시간은 잠깐이다. 무질서한 것 같이 보이지만 금방 질서를 회복한다. 답안지 제출이 끝나면 응시자들은 소그룹으로 모여 시험 답안작성에 대한 각자의 반응을 교환한다.

 무제한 답안지 작성이라는 시험방식은 응시자 모두에게 기쁨을 선물하는 시험제도로 보였다. 학생들은 정해진 시간 동안 모든 지식과 상상력을 동원해서 시험에 정력을 쏟아부었기 때문에 만족스럽다는 반응을 보인다. 교육효과는 만점이다. 시험도 교육의 일환이라는 내 심정에는 변함이 없다.

❏ 김봉구론

낯선 문제의식의 대안담론,
　　낯선 비판정신의 저항담론

권 대 근(문학박사, 대신대학원대학교 교수)

I. 들어가며

　문학은 언어를 통해 구축된 삶의 실상이다. 그 안에는 살아 움직이고 있는, 강한 의식의 주체들이 있는 힘을 다해 자기에게 주어진 삶을 꾸려나가고 있다. 인간은 무엇인가에 자신을 몰입시켜 그 안에서 보람과 행복을 찾고자 하는 소망을 가지고 있다. 계간 에세이문예로 등단한 김봉구 교수도 마찬가지다. 첫 수필집을 내고, 인생의 터닝포인트를 맞은 그는 이제 자신만의 독특한 수필 세계에 몰입하고자 한다. 몰입해서 하는 일이란 가치 있는 것이다. 프랑스 시인 보들레르는 '인간은 어느 하나에 미쳐야 한다'고 했다. 김봉구의 수필 안에는 크게 두 가지 흐름이 공존하고 있다. 물론 그 세계에는 압축된 삶의 진한 영혼이 서려 있다. 그 영혼을 만나기 위해 김봉구는 항상 '메모지'를 휴대하고, 삶의 진경을 찾아 나선다. 수필가로 등단을 하고부터 줄곧 일주일에 한 편씩 수필을 창작하는 등 성실성으로는 그 어느 누구에게도 뒤지지 않는 그는 등단 1년 만에 수필집을 내는 성과를 내었다. 작가는 달려온 역사를 기억과 회고를 통해 이야기하고, 이야기 속에 자신만의 인생론을 펼치고, 자신이 발을 딛고 있는 영역의 그 순수와 향기를 영원히 간직하기 위해, 기억 더듬기를 즐긴다.

하버드대 쿠퍼랜드 교수는 훌륭한 수필가는 구경꾼이요, 방랑자요, 게으름뱅이여야 한다고 했다. 삶은 누구에게나 벅차고 힘든 것일 수밖에 없다. 누구나 혼자이기 때문이다. 그래서 어느 시인은 외로우니까 사람이라고 했다. 혼자라는 사실을 애써 부정하기 위해 인연이라는 끈을 통해 남과 나를 하나로 묶더라도, 열정이 없으면 그것은 애착에 지나지 않는다. 김봉구는 휴대하고 다니는 메모지에 온갖 사연과 사상을 담는다. 지나온 과거와 일종의 인연맺기다. 인간은 누구나 무엇에 의지해 자기를 지탱해 나갈 수밖에 없는 나약한 존재다. 따라서 언제나 자신의 가슴을 안온하게 감싸줄 수 있는 따뜻한 둥지를 찾아 펜을 들고 끝없는 방황을 계속한다. 그 둥지의 실체는 역사일 수도 있고, 또 다른 존재에의 애착일 수도 있다. 무엇인가에 열렬히 집착하거나 몰입하는 것은 둥지를 마련하기 위한 하나의 방편이다. 김봉구에게 그 대상은 거창한 무엇이 아니라 소박하게 숨 가쁘게 달려온 자신의 역정을 기록하는 것이다. 멀리 서서 반성적 성찰을 통해 자기 본연의 자세를 다지겠다는 생의 가치다. 작가가 수필을 고집하는 것은 그러한 이유 때문일지도 모른다.

인생의 깊이를 가진 수필가 김봉구가 자신의 생에 대한 반성적 성찰을 통해 위기의 삶을 창조적으로 전환해야겠다고 피력하는 것이라든지 또는 튼튼한 삶을 더 튼튼히 다지겠다고 노력하는 모습은 너무나도 아름다운 인간화의 길이라 할 수 있겠다. 김봉구가 문단에 들어온 지 일 년 만에 세상에 내어놓는 '첫 수필집'은 아마도 대학교수로서 살아온 흔적을 형상화한 작품집이라는 독특한 위상을 갖게 될 것 같다. 이 수필집은 수필과 삶의 교직이라는 나름의 문학관을 가지고 있어서 더욱 의미 있다고 하겠다. 제한된 지면 안에 주제를 내면화하고, 문장을 형상화하기에는 수필은 고도의 수련이 따른다. 그러다 보니 수필에서 문학성을 찾기가 쉬운 일이 아니다. 그러나 김봉구의 수필은 적절한 변주와 다양한 전개의 표현 기법을 통해 일정한 문학성을 담보하고 있다는 측면에서 여타 수필집의 한계를 잘 극복하고 있다고 하겠다. 이제 삶의 바다에 낚싯바늘 같은 물음표를 던지는 김봉구 교수의 수필 세계, '저항담론에서 대안담론까지'로 빠져보는 것이 타당할 것 같다.

II. 삶의 흔적과 그림자

　수필은 일상을 보다 윤기 있는 터치를 통해 그 빛깔과 체취를 더함으로써 새로운 감동을 발아시키는 작업이다. 수필의 윤기는 문학 언어를 사용해서 화려하게 윤색을 하는 것으로 되는 것은 아니다. 그것은 얼마나 진솔하게 자신의 속내를 드러내느냐 하는 점과 인생의 가치와 의미에 대해 따뜻한 눈을 갖느냐는 기준에 의해 평가된다. 김봉구는 고려대 졸업, 미국 미주리대학교 자원경제학 박사, 계간 에세이문예 신인상 수필로 등단, 한국본격문학가협회 부회장, 고려대 학생처장, 고려대 노동대학원 원장 역임하였고, 현재는 고려대학교 명예교수로 있다. 김봉구 교수에 있어서 수필을 쓰는 일은 자기 자신을 만나기 위한 모색의 일환이다. 그는 한정된 시간을 사는 동안 영원히 기억될 무엇인가를 위해 메모지를 들고 현장을 누비며 열정을 바치는 사람으로 보인다. 그는 무엇인가를 자기 이상으로 사랑한다. 김봉구가 문학에 심취하는 것은 달려온 자신의 역사를 바로 세우기 위한 것이 아닐까.

그의 첫 수필집인 《바다는 비에 젖지 않는다》에는 50여 편의 수필이 실려 있으며, 각 수필마다 작가의 인생에 대한 지혜와 삶의 의식이 담긴 주옥같은 작품이 실려 있다. "나의 글은 자신을 뒤돌아보는 단막극으로 시도되었다. '경쟁 없는 삶'은 나를 뒤돌아보고 후회하게 만들었다. 부부가 남미여행을 갈 때까지도 몰랐으나 '남미 여인들이 걸어가는 뒷모습'을 대형 화폭에 그림으로 옮긴 작품을 보면서 제재를 찾아 폭넓게 활동했던 그녀를 떠올렸다. 나는 늦게나마 수생반에서 지도교수와의 대화 중에 10년 전에만 이 과정을 시작했더라면 하고 아쉬워했던 적이 있다. '늦었다고 생각할 때가 인생에서는 늦지 않을 수 있다'는 진리를 발견한 것처럼 나는 기쁘게 받아들였다. 이 책에서 그는 에세이의 진수는 다음 책에서 기대하시라면서, "안암에서 신촌으로라는 학생운동의 다큐멘터리도 다룬다"고 '작가의 말'에서 썼다. 이들 작품에서 가장 먼저 느끼는 것은 말과 글로 세상을 바꾸겠다는 지성적인 마음이다. 그의 글은 삶에 대해 진정한 가치와 영원의 세계를 바라보며 깨달음의 느낌표를 찾아온 사람만이 지니는 향기를 지니고 있다는 평가를 먼저 내리고 싶다.

수필가 김봉구는 누구보다도 치열하게 인생을 살아왔다. 미국에서 석사학위 3개와 박사학위를 취득하고 한국으로 와서 줄곧 K대 교수로 만족하며 살다가 정년을 맞아 대학에 5억 원의 거금을 기부한 바 있다. 본격적으로 수필을 쓰면서도 늘 지난날을 반성적으로 성찰하며, 인생을 즐거운 마음으로 살았으면 하는 소망을 갖는다. 수필다운 수필쓰기가 어렵다고 창작을 게을리하지 않고, 수시로 메모를 하는 부지런한 작가로서 저력을 발휘하여 젊은 작가를 게을러 보이게 한, 그는 고희의 청년작가라 하겠다. 지금은 선비정신이 그리운 시대다. 《바다는 비에 젖지 않는다》에는 포용력을 가지고, 의젓하게, 베풀면서 살아가는 모습 그대로를 실천하면서 살아가며 모든 후배 작가들로부터 존경과 신망의 대상이 되고 있는 김봉구의 모습이 담겨있다. 존경할 만한 업적이 어찌 이뿐이겠는가. 여러 작품을 통해 그는 자기 성찰과 만족한 삶의 색깔을 드러내었으며, 세태풍자와 현실비판 그리고 교훈을 안겨주었으며, 바른 생활에 대한 깊은 관심도 보여주었다. 기지와 유머가 번득이는 글뿐만 아니라 외국에 나가서 대학원 공부를 하면서 느낀 감정의 편린이 지성과 맞물려 큰 감동을 준다.

Ⅲ. 김봉구의 수필세계

1. 낯선 문제의식의 대안담론

문학은 어느 의미에서 사회 현실을 배경으로 전개되는 인간 행위의 기록이다. 그 안에는 어떠한 형태로든 삶을 보다 견고히 구축해 나가려는 의지와 그 실천자의 모습이 드러나게 되어 있다. 남의 눈을 의식해서 할 말을 다 하지 못하는 것은 일종의 열등감이다. 문학은 단순한 자기애의 표현 수단이 아니다. 수필이 갖추어야 할 요건 중의 하나가 인식이다. 인식은 작가의 사회적 의식이요, 문학적인 힘이다. 여기서 말하는 힘은 물리적인 힘이 아니라 문학 속에 내재하는 강력한 에너지다. 수필집 《바다는 비에 젖지 않는다》는 인간의 근원적인 가치와 본질을 규명하려는 자세에 깃들어 있는 설득적 지성이 담겨 있고, 이것이 바로 문학의 힘으로 작용하고 있다고 하겠다. 김봉구의 수필을 관통하는 한 사상은 인간의 문화, 신체적 지각, 개체적으로 독특함이 인간 주변의 세계를 지각하는 데 영향을 미치며, 그리고 그러한 인식에 기반한 지각이 인간의 환경에 대한 선호와 이상향, 더 나아가서는 공간을 조직하는 데 영향을 끼친다는 것이다. 바로 문제의식이다. 문학은 절실함에서 비롯되고, 그를 자양분으로 해서 커나가는 것이기에 대상에 대한 사랑과 문제의식이 있어야 결실의 조건이 충족된다. 이 작품은 문제를 바라보는 작가의 진지한 안목이 '끝없는 사랑'이란 어구에 그대로 반영되어 나타나고 있다.

    대학원장실에 가서 나는 직원에게 대학원장 면담을 희망한다는 이야기를 하고 면담이 성사될 수 있도록 도움을 요청했다. 며칠 후 그 직원으로부터 면담이 확정됐다는 통보를 받고 대학원장과 면담했다. 나는 재학생임을 밝히고 요구사항을 말했다. 대학원에서 동시에 두 개의 석사학위과정을 이수할 수 있도록 허가해 달라는 요청이었다. 대학원장은 하나의 석사학위 프로그램을 마친 후 다음의 석사학위과정을 추진하라는 의견을 제시했다. 두 개의 학위과정을 동시에 진행할수록 나에게는 혜택이 많다고 생각했다. 원장께서 '나는 불가능하다고는 결코 말하지 않았다'(I never said, it's impossible.)라고 대답하는 중에 지적한 적이 있었다. 이 말을 듣고 가능성이 조금이라도 있음을 짐작하고 원장실을 나섰다.   - <끝없는 사랑> 중에서

    이 수필은 미국에서 세 개의 석사학위와 박사학위를 받기까지의 지난한 과정이 그려져 있다. 석사 과정을 밟아도 좋다는 최종 허가를 받기까지 그는 확고한 포부를 가지고 출발하여 대학원의 최고 의사결정권자에게 타당성을 주장했으며, 조그마한 가능성이 있음을 발견하고, 추진방안을 대학원에 정식 제안하면서, 경제학과 지도교수와 임

학과 지도교수의 승인을 먼저 확보한 것이 석사학위를 여러 개 취득하는 데 결정적인 역할을 했던 것으로 보인다. 이 수필을 통과하는 하나의 거대한 물줄기는 작가의 면학에 대한 진정성을 보여준 데 있다. 지도교수는 자식의 성장을 격려하는 아버지처럼 작가의 공부하려는 의지를 확인하자 계속 경제학 과목수강을 허가해주었다. 그는 조교로서 급여를 계속 받으며 원하는 경제학 과목들을 아무런 어려움이 없이 이수할 수 있었으니 이보다 더 큰 행운이 어디 있겠는가. 학문에 대한 '끝없는 사랑'이 배움은 끝이 없음을 증명해 주었고 또 '노력하면 운이 따른다'는 것을 보여준 하나의 좋은 사례가 됐다. 이 글은 하나의 학위도 어려운데 어떻게 세 개의 석사학위를 취득할 수 있었을까 하는 의문을 풀어준다. 그의 학위취득 전략을 중점적으로 살펴보는 데 이 수필의 감상의 포인트가 있다. 사람이 다른 사람과 세계를 대하는 태도와 감수성을 통째로 바꾸어 낸 삶의 양식을 이 수필에서 발견할 수 있다는 건 행운이 아닐까.

'물 들어올 때 노 저어라'는 말을 명심할 때다. 지금이라도 '내부여론을 조성하고 대학의 단합된 의지를 외부에 밝힌다면 지하철 유치는 어렵지 않을 것'이라고 상상된다. 목적지 중심부에 지하철역을 신설해 주는 경우에는 그 효과가 가히 파격적이다. 이용객 모두가 환성을 지르면서 만족해하고 교통은 극도로 편리해진다. 교통 천국이 다름 아닌 이곳으로 이용하는 모두가 탄성을 지르게 되지 않을까.

"학교운동장 밑으로 지하철이 지나가도 좋다"는 제안이 결국 지하철 유치로 이어졌다. 사회적 비용보다는 사회적 편익이 훨씬 컸기 때문이었다. 비록 많은 시간이 지난 후에 개통되었지만 K대에는 '돈과 권력, 여론의 힘으로도 불가능한 일'이 이루어진 셈이다. 지하철 노선이 통과하면서 두 개의 지하철역을 선물해 주었다. 유치에 성공하면 결과는 아주 만족스럽다. 주변의 교통을 획기적으로 편리하게 만들어주기 때문이 아닐까.   -<불가능한 일> 중에서

교수가 해야 할 일이 학생을 가르치는 데만 있지 않다는 것을 온몸으로 체득한 분이 김봉구 교수다. 그는 보직교수를 맡아 대학의 지하철 노선 문제를 신선한 아이디어를 내어 해결하였다. 학생들의 데모 문제를 해결하고 난 후 또 하나의 큰 문제를 해결함으로써 그는 교수로서뿐만 아니라 학교경영자로서의 탁월한 능력을 발휘하여 K대의 발전을 앞당기는 데 큰 역할을 한다. 삶의 진면목은 발전의 내부에 그 뿌리를 서려 두며, 이를 근간으로 하여 잎을 피우고 꽃을 만들어 내야 한다. 김봉구의 교육관은 문제가 있는 곳에 내가 간다는 이런 문제해결정신을 근간으로 한다. 이 작품은 불가능하다고 생각하는 일들을 해결가능한 대안 제시를 통해 깨끗이 처리해내는 감동적 실화를 수필화한 것이다. 한 개도 아닌 두 개의 지하철역을 K대학에 선물해 준 김봉구 교수는 문제해결사로서의 능력을 유감없이 발휘한다. 세상에 불가능해 보이는 일도 잘 생각해 보면 가능한 길이 나올 수 있

다. 이 작품은 어떤 일을 성공적으로 해내기 위해서는 본연의 순수성을 회복해야 한다는 것을 알 수 있게 해준다. 순수로의 눈뜸은 상승작용을 일으켜 이 수필에서 '불가능은 없다'는 것을 견인한다. 그의 끊임없는 아이디어는 학교발전과 밀착되어 있다. 이는 대상에 대한 사랑 없이는 결코 얻을 수 없는 수확인 것이다.

   나는 체질적으로 술을 못 마신다. 다른 사람들은 이 문제를 별것 아니라고 할지 모르나 나는 장애인이 된 느낌이다. 팔다리와 육체만 건강하면 무엇하나. 남들과 어울려서 인생을 즐기고 낭만을 함께 누릴 수 있는 사람이 되어야 하지 않겠는가. 낭만을 모르는 사람, 몸을 아끼는 사람, 소극적인 사람, 졸고 있는 사람, 분위기 깨는 사람 등의 소리를 들으며 지내왔다. 일생 동안 술 마시는 노력을 쏟아부으니 70세 된 어느 날 긍정적인 신호가 왔다. 친지 두 사람과 함께 만나서 점심 식사하는 자리였는데 소주 일곱 병을 즐겁게 비웠다. 나도 소주 두 병은 마신 셈이다. 이것을 계기로 나는 이제 누구를 만나도 술 못해서 분위기 깨지는 않는다. 늦었지만 다행이지 않는가.　　　　　　　- <낭만을 모른다> 중에서

   그는 애시당초 술을 잘 못 마셨다. 그럼에도 불구하고 그 문제를 작은 것으로 여기지 않고 어떻게 하면 체질적인 문제를 극복할까를 고민해왔다. 이로 인해 그는 '낭만을 모르는 사람', '몸을 아끼는 사람', '소극적인 사람', '졸고 있는 사람', '분위기 깨는 사람' 등의 소리를 들

으며 지내왔다. 사람들은 답답한 현실의 외부 평가를 자신과 상관없는 얘기라고 착각하는 경향이 있다. 그러나 소수만 살아남고 나머지 '대다수를 탈락'시키는 경쟁사회에서, 재벌이나 상위 몇 퍼센트의 부유층이 아닌 '평범한' 시민이, 문제를 해결하려고 노력하지 않으면 이러한 술 권하는 사회에서 살아남기가 쉽지 않다. 김봉구는 워낙 불가능한 일들을 가능한 것으로 전환하는 데 익숙한 분이라, 체질적인 문제도 자신의 노력으로 결국 극복하고 만다. '일생 동안 술 마시는 노력을 쏟아부으니 70세 된 어느 날 긍정적인 신호가 왔다.' 김봉구는 나이 70에 즈음하여 소주 주량이 두 병에 이른다. 그는 술을 마시지 못해 들었던 부정적인 평가를 노력으로 극복했다는 것을 보여주면서, '하면 안 되는 것이 없다'는 진리를 증명한 것이다.

    논문을 어떻게 써야 하는지 몰랐던 때다. 초안을 통째로 쓰레기통에 버렸다. 그날부터 나는 비장한 각오로 논문작성에 대해서 많이 고민했다. 논문작성은 반드시 통과해야 하는 허들이었다. 내가 직면한 난관은 오륙십 센티미터 높이로 낮은 철조망이 뒤덮고 있고 그 철조망 위로는 기관총이 난사되고 있었다. 군에서 유격훈련장이 바로 그렇다. 살벌하다. 나는 그 철조망 밑을 낮은 포복자세로 일정한 시간 안에 통과해야만 한다. 그날은 비가 오고 있어서 바닥이 진흙으로 질퍽거려 자세를 낮추어 바닥에 납작 엎드린 채 양팔과 두 다리를 힘껏 빠르게 움직여도 전진이 별로 이루어지지 않았다. 아침 일찍부터 하루 종일 사고思考에 매달려도 고작 몇 문장을 만드는데 그치는 것처럼. 포복해서 허들을 통과할 때 자세를 높이거나 철모를 쓴 머리를 들면 총탄에 맞을 수 있기 때문에 힘들고 지루해도 끝까지 버티면서 전진하는 수밖에 없다.

- <허들 넘기> 중에서

 이 수필은 미국 유학에서 박사논문 작성하는 과정의 어려움을 '허들 넘기'에 비유해서 표현함으로써 문학적 성취가 빛나는 작품이다. 학위취득이 얼마나 어려운 일인가는 설명으로 다 전달할 수 없다. 설명은 개념적이고 관념적이기 때문에 잘 보이지 않는다. 그래서일까. 그는 철조망 밑을 낮은 포복자세로 일정한 시간 안에 통과해야 하는 미션에 비유해서 그 힘든 과정을 독자들에게 구체적으로 보여주고자 한 것이다. 그 힘들었던 논문 통과 과정의 생생한 감동을 <허들 넘기>란 수필을 통해 보여주는 것은 그의 수필적 역량이 대단하다는 것을 의미한다. 논문 통과가 얼마나 어려운지 구체적인 비유로 전달하겠다는 생각이 문학적 성취를 가져온 것이다. 그래서 이 수필에는 지성의 섬광이 바탕을 이루고 있다. 이 수필에서의 비판적 사고는 지적 작용의 밑거름이 되어 정서와 신비의 이미지를 자아낸다. 그러면서 수필의 고상성과 고결성을 불러일으킨다. 수필 쓰기에서 가장 중요한 것은 창의적인 사고다. 익숙한 사물이나 개념을 새로운 시각으로 살펴볼 줄 알아야 한다. 이 수필은 대상에 대한 인식의 창의성이 돋보이는 작품이다. 치환이라는 문학적 원리를 통하여 이중구조를 만들어내는 이런 노력들이 김봉구의 수필적 역량을 말해준다.

내가 다시 태어나서 같은 전공 분야의 학문적 배경을 활용하여 교수가 되더라도, 이보다 더 좋은 강의경력으로 화려하게 데뷔할 수는 없을 것 같다. 그 말은 생애에서 후회 없이 강의하였음을 뜻한다. 많이 알수록 핵심 내용에 다가갈 수 있어서 강의가 편해지고 사례를 들어 설명하기가 쉬워진다. 한마디로 강의가 쉽고 이해가 잘된다. '사회의 이해'라는 영역의 핵심교양과목은 엄청난 수의 수강생들이 몰려들어 강의를 잘 해낼 수 있을지 고심했던 적도 있다. 많이 졸았다. 그리하여 전교생의 존경을 받으리라고는 상상할 수 없었다. 학회, 기업체, 정부 기관 등 그동안 세미나에서 발표했던 주제 내용들을 학습 내용에 특강형식으로 일부 포함시켜 대단위 강의로 진행했는데 인기가 폭발적이었다.

- <크루즈 여행> 중에서

<크루즈 여행>이란 제목만을 보면 여행에 관련된 수필이 아닐까 여기겠지만, 내용은 강의와 관련된 것이다. 이 수필은, 대학교수로서 학생들에게 강의를 하면서, 학생들로부터 받은 엄청나게 좋은 평가를 통해 어떻게 가르치는 것이 좋은 강의인가를 말해준다. 그는 열정적으로 강의하는 것을 좋아한다. 호흡에 집중하면서 명상을 통해 자신의 무지를 걷어내고부터 학생들을 감동시키는 수업전략을 짤 수 있었던 것이다. 이 수필의 쾌미는 '강의는 팀을 이루어 여행하듯이 완

료했다'고 한 데서 찾을 수 있다, 강의를 '크루즈 여행'에 비유한 것이 탁월한 선택이었다. 강의가 '끝날 무렵까지도 크루즈 여행으로 세계 일주를 하는 것처럼 모두 만족스러워했다. 특히 핵심교양과목으로 개설한 자연자원과 경제생활, 시장경제와 공공선택 과목은 연간 2,200명의 수강생을 기록할 만큼 학생들의 인기를 한몸에 받았다'는 진술에서 우리는 그가 얼마나 수업에 진심이었는지 알 수 있다. 이런 현실도 결국은 반성적 성찰이 몰고 온 유산이었다. 이 시대 학생들은 무엇을 고민하고 아파하는 걸까? 작가는 문화, 경제, 정치, 가족과 연애 등 오늘날 삶의 모습을 냉철하게 분석하고, 여러 곳에 강연을 다니면서 터득한 수업기술을 학생들을 가르치는 데 응용했던 것이다. 이 수필을 읽으면, 교수는 감동적인 수업을 위해 어떤 실천이 필요하며, 어떤 전략을 수립해야 할지 알게 된다. 과거에 대한 보다 냉철하고 독창적인 시각을 주문하고 있는 것이다.

 어찌 문학적 성취뿐이겠는가. 그의 전공과목에 대한 자신감과 준비된 강의는 공감과 감동을 불러오는 데 부족함이 없다. 원래 응용 분야의 과목들은 소의 사료인 여물과 같이 오래 씹어도 소화가 잘 되지 않을 만큼 거칠어서 배우는 학생들이 흥미를 갖고 따라오기가 쉽지 않은 특성이 있다. 그런데 그가 맡은 과목은 철저히 잘 준비된 경제학 사전지식을 활용해서 설명해주기 때문에 학생들은 이해를 쉽게 하고 흥미도 갖게 된다. 문학이 반 푼어치의 가치로 떨어지는 걸 경계하고 있는 그의 인식은 일단 '솔직한 자기 고백'의 층위에서 빛을 발한다. 그의 언술전략은 거침없이 나아가는 데 있다. 김봉구의 교육철학, 대학과 학생에 대한 사랑은 따뜻한 인본주의의 한 축이다. 자신의 모교 학생들에 대한 애착이 특히 잘 나타나 있는 것이 김봉구의 에듀수필이다. 제목만 봐서도 알 수 있듯이 그의 수필에는 그가 거쳐 간 수업에 대한 그리움과 사랑이 묻어 나온다. 수업을 크루즈 여행으로 여길 정도라면 수업의 질은 보증이 되고도 남는다. 많은 작품들이 교수로서 현직에 있을 때 잊을 수 없는 일들에 대한 것이기에 손맛을 풍긴다. 그의 수필세계가 대상에 대한 지극한 애착을 지향하고 있다는 것을 단적으로 증명한다고 하겠다.

미국인 샵에서 나는 소세지나 밀크를 사려고 말하면 알아듣지 못하고 웟! 웟! 하다가 유민-, 싸'-시지 미엌 하면서 해결한 경험이 있다. 또 대화 중에 마라톤을 언급하면 알아듣지 못하다가 오우, 매'러싼' 하고 반응한 적이 있다. 한글로 원어민 영어를 완성하는 지름길은 그들의 발음과 악센트를 정확히 듣는 데 있다. 듣기 아닌 글에 먼저 집중한 결과가 우리에게 영어 말하기를 어렵게 만들었던 이유가 아닌가. 중학교를 졸업한 사람이면 누구나 영어로 말할 수 있다. 영어 실력과는 관계가 없다고 생각한다. 나는 영어 말하기가 원어민과 같이 발성하는 기술에 속하므로 1,000번 정도 반복하면 정복할 수 있다고 확신한다. 그들의 빠른 대화 속에는 축약 연음 탈락 동화 등의 발음 현상이 나타나기 때문에 따라하기 어려울 때도 많다. 나는 꾸준한 연습을 통해 원어민의 발성 소리를 귀와 입에 익히게 되면 입에서 우리말 하듯이 영어가 튀어나오게 된다는 믿음을 가지고 있다.   - <한글로 영어 말하다> 중에서

특히 이 수필에서 우리가 얻을 수 있는 것은 한 작가의 성장에 대한 개인사적인 사실만이 아니다. 이 글은 경제학 전공자로서 어떻게 미국에서 외국인과 소통을 하면서 언어적 한계를 극복했을까 하는 많은 사람의 궁금증을 풀어준다. 진짜 관심 가져야 할 외국어 학습에 대한 발견과 인식이라는 측면에서 김봉구의 새로운 영어학습법은 의의가 있다고 보겠다. 영어학습법에도 작가의 아름다운 한국어 사랑이 질펀하게 녹아있어 감동을 준다. 그는 외국어 비법은 원어민의 발음을 정확히 듣고 따라하는 데 있다고 함으로써, 영어 문제로 고통을 받고 있는 사람들에게 쉽게 영어를 배울 수 있는 길을 열어주었던 것이다. 이는 작가 자신에 대한 완고할 정도의 애정이며, 자기를 실존케 했던 운명적 존재에 대한 애착이라고 볼 수 있다. 작가의 가슴에 살아 있는 교육애에는 항상 푸른 파도가 넘실댄다. 영어를 사용하는 나라마다 발음이 다르고, 실제로 사용하는 단어의 약 1/3은 사전의 발음표기와 다르게 발음하고 있다는 데 착안하여, 한글로 발음표기를 한다면 누구나 일정하게 영어를 발음할 수 있다는 것이 그의 지론이다. 그는 영어비법을 책으로 만들어 주변에 무료로 배포하였다. '언젠가는 한글로 영어 말하기'가 글로벌하게 받아들여지면 얼마나 흐뭇할까. 지구촌의 모든 사람이 같은 영어 발음을 하는 것을 상상하였

다. 한국어로 영어문장 만들기에 익숙해지면, 강세와 멜로디를 살려 한글로 영어 말하기가 편해진다. '품위 있는 말은 만들어 사용하는 것이 아니기에, 이들 표현 또한 잘 익혀서 수준 높게 사용하는 것이 좋을 듯하다'고 조언한다. 김봉구에게 있어서 외국어 비법 공개는 교육자로서의 책임감을 다하는 것이기에 작가에게 유의미한 선택이 아닐 수 없다.

준비된 유학은 바람만 있으면 어디든지 갈 수 있는 돛단배 항해와 같았다. 선체 위에 세운 돛을 이용하여 오직 풍력이라는 에너지원으로 항해한다. 순풍이 아닌 변화무쌍한 역풍이 불어올 경우도 순항할 수 있다. 바람의 세기에 따라 돛을 펴고 접을 수 있으며 역풍이 불 때는 선체의 무게중심과 각도를 달리하는 방법으로 대처할 수 있기 때문이다. 실제로 기업경영에는 역풍에도 순항하는 돛단배 경영방식을 도입하기도 한다. 기업은 불확실성에 잘 대처하지 못하면 파산하기도 한다. 경영환경이 악화할수록 경쟁업체를 따돌리고 지속성장을 하기 위해서는 불확실성에 효과적으로 대처할 수 있어야 하지 않겠는가.

- <돛단배> 중에서

비유가 문학적 성취를 가져온다는 수필시학이 그에게 각인되어 있다는 것을 잘 보여주는 작품이 <돛단배>다. 단순한 이야기의 나열이 아니라 이야기를 다른 무엇과 상관화시켜 이중층위로 만들어야 한다는 본격수필시학을 늘 응용하고자 노력하는 김봉구가 그려내는 수필은 문학적 효과를 거둘 수밖에 없다. 이 글은 딸이 미국에 가서 공부하는 데 있어서 사전에 철저하게 준비를 하게 함으로써 무난하게 유학 생활을 마무리 짓게 한 성공적인 유학준비담을 담고 있다. 자신의 유학 경험을 딸에게 전수하는 아버지의 딸 사랑이 흥건해서 감동을 준다. 작가는 인간의 이상적 삶을 현실과 격리해 두지 않고 있음을 알 수 있다. 문학은 집착이 만들어낸 결과물이다. 그 집착의 대상이 무엇이고, 그것을 통해 행위의 주체가 무엇을 획득하고 상실했느냐에 따라 삶의 윤기와 습기, 평가는 달라질 수 있지만, 삶 자체가 집착의 결과이듯 문학도 같은 것이다. 그리움의 텃밭은 언제나 시간 속에 존재할 수밖에 없다. 그 기억의 시간을 통해 우리는 무한한 삶의 의욕을 느끼게 되고, 생활의 지혜도 만날 수 있다. 김봉구에게 있어서 돛단배로 상징되는 딸의 유학생활은 작가의 정염과 딸 사랑이 녹아 있는 마음의 고향이라고 하겠다. 대학 졸업 후 유학을 가서 공부하고 싶어했던 딸은 유학을 위해 필요한 모든 조건을 시간 여유를 갖고 주도면밀하게 준비했기 때문에 순항하는 돛단배를 타고 계획대로 갈 수 있었다. 박사학위 논문 연구분석에 이은 독창적인 학술에세이 작성이나 종합시험, 졸업 후 교수로 취업 등의 강풍에도 불구하고 순항의 통찰력을 발휘할 수 있었던 것은 그동안 딸이 꾸준히 키워온 핵심역량 덕분이지만은 그 역량을 기를 수 있게 해준 사람이 아버지 김봉구 교수라 하겠다.

여생을 타향에서 보내고 있는 나의 주거 모습은 우거라고 표현하는 것이 적절해 보인다. 농막은 상징적인 용어로 그 규모가 6평으로 제한되어 있고 농사짓는 데 필요한 창고나 쉼터로 허용할 뿐이기 때문이다. 내가 거주하는 주택은 나의 노후생활을 지탱해주는 터전이다. 그곳은 넓은 퍼팅장을 갖춘 마당이 있어서 시간이 멈춘 듯 퍼팅을 하기도 하고, 마당에서 이어지는 숲속의 산책로를 따라 매일 등산하면서 즐기고, 이러한 모습을 주변에 알려 많은 사람이 방문하게 해서 교류한다는 것은 바람직한 일이 아닌가. 또 거주하는 우거를 빛나게 하는 일은 어디 그뿐이겠는가.
　　　　　　　　　　　　　　　　　　　　　　-<우거> 중에서

친지들과 저녁 식사를 하면서 그들이 어디에 어떤 모습으로 살고 있는지를 몹시 궁금해하길래 작가는 좀 과장해서 경기도의 한적한 시골의 농막에서 거주하고 있다고 소개한 데서 <우거>라는 제목의 수필이 탄생했다. '우거'라는 말은 즉석에서 많은 사람의 궁금증을 불러일으키면서 꼭 한 번 방문해 보고 싶은 욕구를 불러일으킨다. 우거 전략은 친지들과 어울릴 수 있는 기회를 마련하는 데는 일단 성공했다. 그는 이 분위기를 놓치지 않고 우거의 주변환경과 생활하는 모습을 자랑한다. 삼복더위가 늦게까지 기승을 부리는 바람에 집 마당에서 연결된 산책로를 따라 매일 산속 길을 6km 정도를 걸으면 두 시간 정도는 땀 범벅이 되면서도 그 상쾌함은 다른 것에 비유할 수 없다고 할 정도로 즐거움을 만끽하며 살고 있다고 소개한다. 요즘은 그 산행 맛에 산다고 하면서 서울을 떠나 경기도 한적한 교외에 살고 있는 데 대해 자부심을 느낀다. '우거'와의 인연이 주는 의미를 새겨 보면 우리는 작가의 확실히 남다른 인생관에 수긍하게 된다.

  인식의 형상화가 빛나는 부분은 주제를 소망으로 일반화하는 부분인데, "여생을 타향에서 보내고 있는 나의 주거 모습은 우거라고 표현하는 것이 적절해 보인다"는 표현이다. 대체적으로 좋은 수필들은 주제의식의 의미화를 구축하기 위한 구체화 전략들이 매우 체계적이다. 이 작품의 발단부에는 주제의식의 상상화를 위한 진술이 놓여 있다. 거주하는 주택은 인간의 생활을 담는 그릇이다. 그는 수지구 성복동 79평 아파트에서 오랫동안 살았다. 배우자가 세상을 떠나면서 집 크기를 반으로 줄이기로 작정하고 이전했다. 그 장소가 바로 오래전에 골프를 하면서 동료들이 모두 쳐다보면서 병풍처럼 둘러 쌓여 있는 아파트가 좋아 보인다고 해서 봐두었던 곳이다. 이전한 우거의 주변은 설악산 속에 위치한 것과 같이 아침저녁으로 새소리를 듣고 맑은 공기를 마시면서 지내는 한적한 곳이다. "삼복더위에도 4베이의 앞쪽과 뒤쪽 창문을 열어 놓으면 통풍이 잘되어서 일 년에 에어컨을 켜는 날이 극히 적었다. 그리고 겨울에는 통유리 덕분에 하루 종일 햇볕이 들어와서 난방을 하지 않아도 20도 정도는 항상 유지될 정도로 따뜻하다"는 아파트를 '우거'라고 표현한 데서 그의 겸손함을 느낄 수 있다.

2. 낯선 비판정신의 저항담론

고려대에서 정년을 퇴임하고 글쓰기에 매진하고 있는 수필가 김봉구 교수의 50여 편 수필들의 특성은 첫 번째가 낯선 문제의식의 대안 담론에 대한 글이라면, 다른 하나는 '낯선 비판정신의 저항담론'이라 할 수 있겠다. 그는 등단을 하고 일 년도 지나지 않아 수필집을 낸 것이다. 평자는 김봉구 교수를 진정 자유인으로 평가한다. 내가 생각하는 자유인이란 신념의 주체요, 정치적으로 이념적으로 어디에도 묶여 있지 않음을 의미한다. 정년 퇴임 후 그에게 주어진 24시간의 자유가 주는 행복은 세상의 그 어느 것과도 바꿀 수 없는 소중한 것이다. 그는 대학교수로 재직하면서 무엇이든 하면 된다는 신념으로 불가능한 것을 가능하게 하는 능력을 보여주었다. 말로 글로 세상을 바꿀 수 있다는 신념으로 그리고 하면 된다는 정신으로 권력 자체와 여론을 두려워하지 않았다. 김봉구 교수는 냉철하고도 엄정한 판단으로 비뚤어진 세상을 바꿀 수 있다면, 무엇에도 방해받지 않고 지혜를 발휘하였다. 그런 의미에서 나는 김봉구 교수야말로 진정한 자유인이라 믿는다. 문학은 자신도 정화해야 하고 시대도 정화해야 한다. 사람이 사람답게 살아가야 하는 길을 비추는 등불이어야 하고, 동시에 현대인이 살아가는 사회 현실을 비추는 거울이기도 해야 한다. 이런 차원에서 본다면 김봉구 수필은 자신을 구원하는 글로써 거울 같은 작품이면서 동시에, 그의 수필은 등불 같은 수필이다. 자기 자신의 정체성을 찾아 자신을 반성적 성찰대 위에 세우는 일이나 그 시대를 살아가는 제자들과 동행자가 되어 숨겨진 그들의 아름다운 진실을 캐내는 일도 모두 중요한 일이다. 이런 면에서 이 작품들은 나름의 역할을 다하고 있다. 잊고 있었던 자기에 대한 응시를 통해 무거운 아집을 버리는 일이나, 메모지를 가지고 삶의 진경을 담아내는 것 모두가 낯선 수필가다운 면모를 보이는 일이다. 저항담론에 가까운 그의 글은 하나 같이 지성적인 면모를 지닌다.

 나는 소유하고 있는 대지의 형질변경허가를 불허한 데 대하여 행정소송을 통해 해결의 가능성을 찾았다. 사법부의 최종판결이 있은 후에도 종로구청에서 거부를 계속해서 손해배상 청구를 위한 간접강제를 재판부에 신청하였다. 이를 통보받고 종로구청에서 형질변경 허가를 해주었다. 주택을 신축하기 위해서 절토 등 정지작업을 하여 대지로 준공허가를 받았다. 이것이 끝이 아니라 '산 넘어 산'이 아닌가. 대지가 임야로 둔갑하는 황당한 사건이 일어났다. 서울시로부터 대체조림비와 산림전용 부담금을 납부하라는 통보를 받았다. 고지서 하단에는 '불복이 있을 때는 행정심판을 청구할 수 있다'고 명시했다. 행정심판의 결과는 부과처분이 위법 부당하다고 보기 어렵다는 판결이었다. 그 후 이어진 행정소송에서는 기각결정이 나서 확정되었다.

- <주택지의 실체> 중에서

살아가면서 어떤 문제가 있으면 끝까지 저항해서 문제를 해결하고 마는 끈질긴 해결사 기질을 발견할 수 있는 게 이 수필이다. 매사에 겸손해하지만, 김봉구의 강점은 해결의 가능성이 보이면, 직접 대상을 설득하거나 아니면 법적 제도를 활용하여 반드시 잘못된 결정을 바르게 고친다는 데 있다. '산 넘어 산'인 행정처분 결과를 차례차례 해결해내는 저력에서 우리는 그의 집념을 읽어낼 수 있다. 그리고 그 사건이 주된 한 편의 수필에도 문학성을 부여한다는 것이다. 신변적 수필이 난무하고 있는 이 시점에서 시대정신을 담고 모든 현실을 비판적으로 주목하면서 작가정신을 수필 속에 담아내고 있다는 것은 대단한 가치다. 그는 매우 친절하다. 사건이 보다 구체적이라는 것이 독자의 상상력을 자극하는 데 도움을 주지 않지만, 지구력이 부족한 수필 독자들에게는 해독하는 데 힘든 시간의 고통을 안겨 주지 않고 있다. 문학을 미적 구도로 인식하고 있는 한 그의 수필은 언제까지나 독자의 사랑과 관심을 끌 것이다. 그에게는 필마의 기운이 넘쳐난다. 현실의식을 가지고 수필을 연마하여 한 편의 글도 함부로 쓰지 않는다면, 그의 글은 힘의 문학을 지향하면서, 수필문학의 위상도 함께 드높일 수 있으리라 믿는다.

어패류의 수요곡선에 해당하는 사회적 한계이익곡선과 공급곡선에 해당하는 사회적 한계비용곡선이 교차하는 지점이 최적 어패류 포획량이고 이 가격이 적정가격 수준이다. 실제는 개인 어민은 기회비용을 고려하지 않기 때문에 어패류 포획은 과잉생산 수준의 남획이 일어나서 어패류 고갈현상을 초래하게 된다. 또 어패류 가격은 지나치게 낮은 수준을 유지하여 개인으로 하여금 남획을 일으키는 유인으로 작용한다. 이러한 행위가 반복되고 시간이 지남에 따라 연근해 어업은 종말에 가까워진다. 어자원의 씨가 말라감으로써 어민은 시간이 흐를수록 어획량이 감소하게 되고, 소득수준이 떨어지는 것을 경험한다. 어부가 자연상태로부터 어패류를 포획할 때 한계생산비만 고려하는 이 특성이 공동소유에 따른 소유권 부재와 더불어 장기적으로 어부를 가난하게 만드는 원인으로 작용한다.   - <어민, 가난을 벗어나> 중에서

　김봉구의 수필 <어민, 가난을 벗어나>는 자기 관조와 자조가 빛나는 수필이다. 우리가 수필을 통해 추구해야 하는 것이 있다면 본래적 자아를 찾는 일일 것이다. 어민들은 복잡하고도 삭막한 생활과 치열한 생존 경쟁 속에서 순수하고 아름다웠던 본래적 자아를 상실한 채 살아가는 수가 많다. 이러한 기회비용을 고려하지 않는 어민들은 과잉생산이라는 남획으로 소득이 줄어 곧잘 삶에 지치게 된다. 이런 사람들을 패배주의로 몰아가기 일쑤인데 그는 정확한 원인 진단을 통해 어촌의 문제를 해결하는 데 학문적 지식을 활용한다. 현실적 자아와 본래적 자아라는 괴리감의 갈등 속에서 괴로워하는 어민들이 많다. 이상과 현실 사이에는 간극이 존재하고, 그 간극을 어떠한 형태로든 극복하기 위한 절박한 노력은 누구에게나 일생 동안 끊임없이

진행될 수밖에 없는 현실이다. 이 글은 그러한 현실의 극복을 기술한 전문가적인 처방이 있는 글이다. 누가 그리고 무엇이 어민들에게 큰 아픔을 주었으며, 그것의 실체에 대한 구체적 언급으로, 어민을 가난에서 구할 수 있다는 담론은 충분히 설득력을 갖는다. 수필 <어민, 가난을 벗어나>는 현실의 온갖 무지 속에서도 어민들의 본래적 자아를 지켜 주고 회복시켜 주는 깨달음의 중요성을 일깨워 준다는 측면에서 소중한 작품이라고 하겠다.

    그는 시라큐스대학 경영대 박사과정에 입학했다. 이 대학은 뉴욕주에 있는 순위 68위의 사립대. 박사학위과정을 이수하고 논문을 작성하는 데 시간이 좀 걸렸지만, 그는 졸업을 앞둔 시점에서 교수 자리를 알아보고 있다는 연락을 해주어서, 내외가 미국의 교수 채용과정을 알아보고 싶어서 뉴욕 시라큐스를 방문했다. 교수채용은 학자적 자격과 능력을 확인하고 직접 연구발표와 인터뷰를 통해서 현장에서 검증하고 인성을 확인하는 절차 등이 필수다. 최종심사를 완료하면 학과장이 전화로 확정된 당사자에게 알려주며, 추후 서신으로 통보를 해준다.
    리하이대학 경영대 조교수로 채용이 확정되었다. 펜실베이니아에 있는 순위 38위의 사립대. 얼마 후 시라큐스대 졸업식장에서 해프닝이 하나 있었다. 졸업식장에서 그 많은 청중 앞에서 경영대학장이 공개적으로 아들 이름을 호명하여 자리에서 일으켜 세웠다. "김태완 군이 리하이대 경영학 조교수가 되었다"고 큰소리로 발표하자 장내가 박수 소리로 가득 찼다. 68위 대학이 38위 대학의 교수를 배출했다는 자부심으로 발표한 데 대하여 공감하는 분위기였다. 그는 그 대학에 재직하면서 교수 경험을 쌓고 전공 분야의 학술논문을 톱 학술지에 게재하는 영광을 얻기도 했다. - <고지전> 중에서

  세상의 모든 것이 수필 안에 놓여져 있는 소도구다. 사랑도 아픔도 이 안에 어우러져 있는 일종의 소품이라고 볼 때, 수필은 하나의 우주다. 이 글은 아들의 미국 유학기를 관통하는 글이다. 자신의 유학 경험과 학위 취득할 때의 노하우를 아들에게 전수시켜서 아들이 미국의 대학교수가 되게 하는 데 결정적으로 기여하게 된 이야기를 수필로 쓴 이 글은 자식 사랑이 얼마나 큰가를 알게 해준다. 수필을 쓸 때 무엇보다도 중요한 것은 공감의 터전을 마련하는 일이다. 먼저 그 대상과 하나가 되어, 서로의 체온을 나누어야 된다. 아들의 시라큐스대 졸업식 장면을 생중계하듯 세세하게 묘사하여 마치 사진을 찍어 놓은 것처럼 매우 구체적으로 그려놓아 좋다. 수필을 쓸 때 여러 가지 사건이 소재가 되는 수가 많다. 그만큼 수필은 이 세상에 있는 온갖 사건과 사연을 대상으로 하여 쓰여지는 문학이며, 사건을 문학화하여 표현한 것이 수필이라고 할 수 있다. 때문에 사건을 소재로 수필을 쓰고자 할 때는 우선 사건의 현장감을 전해주는 일이 중요하다. 졸업식 관련 장면이 너무나 생생하여 실감을 준다. 생생한 실감을 연출한다는 것은 그만큼 그의 이야기 솜씨와 글솜씨가 예사롭지 않다

는 것을 단적으로 증명한다고 하겠다. 아들의 성공담을 수필의 소재로 삼았다는 것은 아들에 대한 애정을 말해준다고 하겠다. 무엇보다도 이 작품의 쾌미는 그 험난한 유학의 과정을 '고지전'에 상관화시킨 전략이라 하겠다.

  국가 존립을 결정하는 요인은 여성의 출산율이다. 우리나라 여성은 국가소멸 위기에서 각자 맡은 역할을 충실히 이행해야 마땅하다. 여성 본연의 역할을 회피하는 경우에는 각종 사회적 혜택에서 배제하거나, 사회적 불이익을 주는 방안을 도입할 때다. 우리나라는 자유민주주의 나라여서 여론이 국가발전을 주도한다. 그만큼 시급하고 절실하다는 뜻이다. 동시에 우리 사회는 서구 선진국과 같이 출산한 여성을 우대하고 존경하는 분위기를 만들어야 하지 않을까. 출산율을 높이기 위해서는 출산한 여성에게 모든 직장의 채용시험에서 가산점을 주고, 또 모든 직장에서 정년연장 혜택을 준다. 즉 채용시험에 대한 가산점은 자녀출산 인원수에 따라 5점 7점 10점 그 이상 15점 등이다. 그리고 즉 정년연장의 혜택은 자녀출산 인원수에 따라 3년 5년 7년 그 이상 10년 등이다. 또 여성의 징병 의무제도 도입에 대비하여 출산한 여성에게는 출산 자녀 수에 따라 징병 면제 혜택을 부여한다.

                                        - <어머니의 자긍심> 중에서

  사회의 모순에 대항하고, 현실의 부조리에 언어로 참여하는 것도 정치적 인간이 하는 일이다. 작가는 현실 정치의 도피자로서 언어로 말할 수밖에 없다. 작가란 말과 글로써 세상을 바꿀 수 있다고 믿는 지식인이다. 김봉구는 오늘날 우리나라 현실에서 가장 절박한 출산율 문제를 다루고자 한다. 서구 선진국과의 비교대조를 통해 우리도 출산 여성을 우대하고 존경하는 풍토를 만들어야 한다는 것이 그의 국가 존립론의 골자다. 출산율이 떨어짐으로 국가소멸을 걱정해야 된다면 지성인이 이를 그냥 두고 지나칠 수가 없다. 수필가는 '보이지 않는다'의 눈으로 비뚤어진 현실을 분노의 힘으로 정조준할 필요가 있는 것이다. 현실의 모순과 억압을 인식하지 못하는 사회는 죽은 사회다. 정의롭지 못한 무리들이 현실의 정치를 어지럽히고 있는데, 수필가가 입을 다물어서는 안 된다. 그런 사회는 암흑의 사회다. 김봉구의 저항담론에서 눈여겨볼 수 있는 것은 문제해결에 있어서 그 대안이 매우 구체적이라는 데 있다. 출산한 여성에게는 정년연장 혜택은 물론이고 취업 시 가산점을 주자는 정책 제안은 제안 이상의 설득력을 지닌다.

 문학은 강물처럼 흘러가고 있는 역사의 한 부분에 대한 진솔한 기록이다. 이러한 이유와 당위성 때문에 작가는 작가로서의 의식이 분명해야 한다. 수필은 시대의식과 역사의식을 담아내는 그릇이어야 하는 것이다. 지나치게 자기 감정을 표현하는 데만 급급한 문학은 일시적 카타르시스의 도구와 수단은 될지언정 그 이상의 가치는 지닐 수 없다. 우리는 이제까지 문학을 자기 감정의 분출 수단이나 그를 위한 도구처럼 인식해왔다. 그러나 보다 견고한 가치를 지닌 문학이 되기 위해서는 사회적 소명을 무시해서는 안 된다. 즉 '채용시험에 대한 가산점은 자녀출산 인원수에 따라 5점 7점 10점 그 이상 15점 등이다. 그리고 즉 정년연장의 혜택은 자녀출산 인원수에 따라 3년 5년 7년 그 이상 10년 등이다. 또 여성의 징병 의무제도 도입에 대비하여 출산한 여성에게는 출산 자녀 수에 따라 징병 면제 혜택을 부여한다.' 등의 진술에서 볼 수 있듯이 어떤 대한도 구체적이어야 한다. 수필은 단순한 삶의 기록이 아니라 보다 근원적인 의미에서 인간의 진실을 발견하기 위한 수단이고, 노력의 흔적이다. 이러한 점에서 이 작품은 여러 가지로 시사하는 바가 크다. 이런 측면에서 또 김봉구의 사회적 수필은 사회를 바로 세우는 데 기여하기에 큰 가치를 지닌다.

"담당 선생님, 나는 책 도난과 사전절취는 일반범죄와는 다르다고 생각합니다. 공부하려는 마음에서 발생하기 때문입니다. 많이 배운 사람들도 책을 읽다 보면 일정 부분을 갖고 싶은 마음이 생깁니다. 하물며 학생들이야 절취하고 싶은 충동을 벗어나기 어려울 것입니다. 그래서 도서관 예산으로 책을 재구입하고 절취된 부분은 다른 도서관에서 복사해다 붙이고 있지요". 나는 학교예산으로 충당하는 등 '도서관의 역할'을 강조했다. 직원과 학생 간 '충돌 해소' 문제는 소리 없는 교육으로 알려진 '일깨우는' 노력으로 접근했다. 기능직 직원면담에서는 위안과 더불어 노고를 치하했다. 나는 전 직원에게 위로 회식을 한 학기에 한

번씩 제공할 수 있도록 도서관 예산을 배정하고 뷔페식당에서 회합하는 기회를 가졌다. -<일깨우다> 중에서

　문학은 한 시대의 구성원이 지닌 고유한 정신이며 체온이고, 도도한 흐름이어야 한다. 그 시대와 역사를 담당하고 있는 구성원이 무엇을 갈망하고, 무엇을 위해 자기의 희생을 소진하며, 그들에게 가장 가치 있는 것이 무엇이었는지를 파악할 수 있는 수단이나 도구의 하나이기에, 문학으로서의 자기 모습을 견고하게 유지해야 한다. 김봉구는 대학의 도서관장으로 있으면서 여러 가지 문제를 '타자성'을 활용한 한국적인 관용정신으로 해결하고자 한다. 작가는 도서관에서 자주 일어나는 '책 도난과 사전절취'를 일반범죄와는 다르다고 인식함으로써 문제해결을 쉽게 가져온 것이다. 인간의 심리를 제대로 이해하고, '본질'보다도 '실존'을 앞세우는 인본주의를 통해 죄에 대한 보편적 의식을 바로잡고자 한다. 문제의 근원을 아무도 상상할 수 없는 색다른 데서 찾아 해결책을 찾는 노력에 수긍하게 되는 데는 바로 김봉구식의 문제해결방법의 창조성을 들 수 있는데, 문제가 생기면 그는 소리없는 교육으로 알려진 '일깨우는' 노력으로 그 문제에 접근했던 것이다. 이 글을 읽으면서 절실히 느끼는 것은, 우리가 너무 무개념적이라는 점이다. '죄'의 본질에 대한 지적이 날카롭다. 심리학자도 아닌 그의 인간 이해에 감탄하지 않을 수 없다.

일주일에 한 번씩 수필 제목을 정하는 일은 없는 집 제사 돌아오듯 나를 힘들게 한다. 수필의 제재와 소재를 정하기 위해 춘천행 기차를 타고 오가며 생각해본다. 어떤 때는 서울역에서 인천공항행 기차를 타기도 한다. 교수로 재직할 때 원고 쓰는 일은 등골을 빼먹는다는 이야기를 너무나 많이 들었고, 또 직접 그런 체험도 해 보았다. 이번 주에 쓴 수필 '어민, 가난에서 벗어나'란 제목의 글에서 권대근 교수가 이 수필의 내용을 셋으로 나누어서 독자들이 편하게 읽을 수 있도록 쓰면 좋겠다고 했다. 의견을 받아들이기로 하고 나니 '아이구 좋아라' 앞으로 2주 동안은 써야 할 제목이 결정되었으니 날아갈 것 같은 기분이다. 이제 쓰기만 하면 된다. 태생적으로 가난한 어민의 입장을 이번에 적어보았으니, 바다목장으로 바뀌는 미래의 그림을 그리고 싶다. 또 전통적인 어민이 살아가는 마을의 공동체적 특징을 수필로 풀어내고 싶어진다.

- <없는 집 제사 돌아오듯> 중에서

무엇보다도 김봉구 교수의 훌륭한 점은 글쓰기에 있어서 고매한 인품과 세련된 지성을 그대로 삶 속에서 실천하는 점이다. 김봉구는 사회의 한복판에 서서 사회의 흐름을 파악하고, 문제를 작품 속에 담아내려고 늘상 노력하였다. 좋은 수필은 관조의 눈으로 발견한 것을 인식의 체로 걸러낸 산문으로 쓴 시라고 여기시고, 한 알의 보리나 밀에서 우주의 진리를 알 수 있는 수필에 매력을 느끼고 수필 속에 영혼을 담아내려 하셨다. 항상 어떻게 사는 것이 좋을 것인가 하는 의문을 주제 지향성으로 삼아 인간 탐구라는 큰 틀 속에서 물질문명에 지친 현대인들에게 등불이 되는 수필 창작에 천착한다. 학습의 근본에 대한 탁월한 사유와 긍정적 수용이라는 학습자의 자세는 그의 문학가적인 능력의 향상을 가져왔다. 그가 그리는 큰 그림은 우리 공동체의 발전이다. 그는 글을 쓰면서도 가난한 어민을 긍휼히 여기는 것이다. 공공선의 실천을 인생의 궁극적 진리와 좌표로 연결시키기도 했다. 산야에 피어있는 들국화나 맑은 가을 하늘 배경의 청초한 코스모스처럼 서정성으로 무장된 고운 수필보다는, 글로 세상을 바꿔야 한다는 깨어있는 의식으로 세상의 보이지 않는 면을 발견하고자 하는 지성이 번득이는 빛나는 수필이 많다는 건 그만큼 그가 저항성을 많이 느끼며 살아가고 있다는 증거다. 사회의 등불이 되지 못하고, 사회를 비추는 거울이 되지 못하는 수필은 일반 수필은 될 수 있어도 사실상 훌륭한 수필은 결코 될 수 없다는 차원에서 김봉구 교수의 수필은 시공을 초월해 독자들의 가슴을 울려줄 것으로 기대된다.

'강요된 저축'은 경제학에서 말하는 강제저축이다. 아파트 가격상승으로 얻게 되는 자본이득은 본인 노력과 경제성장에 따른 인플레이션이 발생시키는 이득의 합계이다. 나는 이사를 빈번히 다니기 위해 담보대출을 이용하는 것을 권유한다. 기술개발자가 실패를 두려워하지 않는 것처럼 우리는 변화에 두려워하지 않아야 하지 않을까. 경기변동에 대응하는 데도 용기가 필요하다. 아직도 강북에 사느냐고 항의할 수 있는 사람들은 '변화에 대응하는 자세와 용기 못지않게 융자금을 상환하기 위해 저축을 생활화하는 태도'가 그들의 신분 상승을 이끈 근본 원인이지 않은가.　　　　　　　　　　　　- <강요된 저축> 중에서

　우리는 지금 부동산에 미래를 거는 시대에 살고 있다. 사람들은 주택을 주거용으로보다 투자용으로 여기며 산다. 그는 잘사는 방법을 그리는 데도 열심이다. 그는 '이사를 빈번히 다니기 위해 담보대출을 이용하는 것을 권유한다.' 안정을 택하는 것보다는 도전을 택하라는 것이다. 이사를 많이 다니는 것이 결국 돈을 버는 것이란 공식이 이 수필에 잘 그려져 있다. 문제는 부동산에 지식이 있거나, 여유 자본이 있는 사람들은 눈을 부동산에 거두만 없는 사람들에게는 이사는커녕 한곳에 그냥 편안하게 살면 다행이라 여긴다. 현대 사회 속에서는 경제 개념의 부재로 인해 가난의 틀에서 고통을 당하는 사람들이 많다. 저축도 대출도 없이 한곳에 눌러 붙어사는 사람들은 평생 가난하게 살 수밖에 없기에 자주 이사를 가야 한다는 논리다. 현실적인 충고다. 잘 살아야 하는 것은 너무나 당연한 일이다. 작가가 수필에서 다루는 대상은 작게는 타자에서부터 크게는 사회 전체의 현상에 이르기까지 다양하다. 대상이 다양한 만큼 비판의 정도나 근거나 대안 제시도 천차만별이다. 그러나 그의 글에서 발견할 수 있는 것은 정확하고 풍부한 논거다. 작가는 이런 차원에서 강제된 저축을 장려한다. 생각을 바꾸면 당신도 잘 살 수 있다는 이야기는 잘 살고 싶은 가난

한 사람들이 꼭 알아야 할 내용이다. 작가는 어떠한 형태로든 이 같은 현실을 말해야 하고, 이에 대한 각성과 반성을 촉구해야 한다. 김봉구는 이런 현실을 '침묵하지 않는다'의 입으로 말하고자 하는 작가다. 그의 시선은 예리하면서도 그 문제점이나 원인 등에 대해서는 매우 논리적으로 접근한다. 그러면서 닫혀진 현실 속에서 가난한 사람들로 하여금 막힌 출구를 뚫고 나갈 수 있도록 이끄는 역할을 한다. 이러한 과정에서 대응하는 자신의 일면을 솔직하게 드러내는 일은 사실 부담스러운 일이다. 그러나 김봉구는 이것을 사명감으로 받아들이기 때문에 부동산 문제를 다루는 데도 추호의 부끄러움도 느끼지 않는다.

어느 날 나는 교수휴게실에서 교수들이 이에 대해 불만을 표출하는 것을 목격했다. 나는 학자적 양심과 애국심의 발로로 관심을 갖게 된 그들의 독도 사랑에 대한 의지를 인정해주지 않는 정부의 처신이 못마땅하다는 느낌을 받았다. 정부가 이들의 방문을 거절하는 이유가 분명하지 않아서 나는 해당 학과 교수 두 명을 데리고 해양경찰청에 가서 담당과장을 만났다. 교수들은 "독도가 분명히 우리 영토인데 생태계 녹화를 위한 방문을 허가하지 않는 점은 이해하지 못한다"고 했다. 그 후 과장은 국가기밀사항이므로 "독도 방문은 일체 허가하지 않는다"는 말을 반복했다. 그러자 동행한 두 교수가 나에게 그만 돌아가자고 했다. 나는 이대로 갈 수는 없다고 느꼈다. '그러면 뭐하러 이곳에 왔지' 하고 해양경찰청에서 확실한 답을 줄 수 있는 분을 찾아야 한다고 생각했다. 그래서 누구를 만나면 답을 들을 수 있는지를 과장에게 집중적으로 문의했다.
- <우리 땅을 푸르게> 중에서

　인생에 있어 진실을 추구하기를 외면하는 것처럼 무서운 것은 없다. 인생을 실용의 관점에서 생각하고 진실을 돌아보지 않는다면 삶에 대한 의욕을 잃어버리고 앞으로 전진할 기력마저 빠지고 만다. 이것은 바로 자아를 버리는 일이고 인생 전체를 포기하는 길이기 때문이다. 수필가란 일상적 삶을 영위하면서도 또 하나의 세계를 추구하는 사람이라고 할 수 있다. 평범한 사람은 새롭고 편리한 것이 나오면 가볍게 그것을 취하지만 수필가들은 사라지는 것들의 허전한 뒷모습을 발견했을 때, 그것을 그냥 버리는 것이 아니라 애정을 주고자 한다. 그는 '정부가 이들의 방문을 거절하는 이유가 분명하지 않아서 나는 해당 학과 교수 두 명을 데리고 해양경찰청에 가서 담당과장을 만났다.' 늘 지성인 자아의 삶을 꿈꾸고자 한다. 참된 사랑을 맛본 경험이 없는 사람은 참된 문학의 세계에 발을 들여놓기가 어렵다고 영국의 시인 '키츠'가 말했듯이 수필도 그러한 생활의 자세가 요구된다. '그러자 동행한 두 교수가 나에게 그만 돌아가자고 했다. 나는 이대로 갈 수는 없다고 느꼈다. 그러면 뭐하러 이곳에 왔지 하고 해양경찰청에서 확실한 답을 줄 수 있는 분을 찾아야 한다고 생각했다. 그래서 누구를 만나면 답을 들을 수 있는지를 과장에게 집중적으로 문의했다'라는 진술은 그의 저항성을 잘 보여준다. 진실을 밝혀 더욱 빛내고자 하는 과정이 없으면 수필은 쓰여질 수가 없으며, 진실을 향한 피나는 싸움이 없으면 수필작가가 될 수가 없을 것이다.

　순간순간의 삶에 보다 성실하고 스스로 부끄럽지 않은 각고의 작업을 우리는 자아 성찰이라 한다. 수필을 원숙한 인생의 문학이라 하는 소이도 여기에 있다. 애국의 상징인 독도의 문제를 정조준하고 거기에서 지혜를 터득하는 이야기를 주제로 수필화했다는 것은 매우 바람직한 일이라 할 수 있다. 올바른 비판적 사고는 특히 대상에 대한 새로운 견해를 제시하는 글에서 매우 중요한 역할을 한다. 옳고 그름을 따져 보는 태도는 잘못된 기존의 개념이나 관념을 새롭게 바꾸는 좋은 방법이다. 이 수필뿐만 아니라 대부분의 글에는 작가정신이 번득이고 있다. 고장 난 세상을 새롭게 태어나도록 해야 한다는 작가의 외침은 여기서 뿐만 아니라 곳곳에 수두룩하다. 자신의 삶에서 부딪치고 체득되어지는 여러 가지 역사적, 시대적 상황들을 외면하지 못해서 김봉구는 이를 자신의 작품 속에 투입시켜 비판정신으로 잘 구체화하였다고 할 수 있다. 특히 우리나라가 선진국이고, 우리가 선진국민이라는 새로운 기점에서 도덕률로 어지러운 사회를 바로 세우고자 하는 작가의 태도에 박수를 보낸다. 지성적 삶의 실천을 통해 깨끗하고 편안한 세상을 만들어가려는 작가 정신은 높게 평가된다.

　깜짝 손님처럼 찾아온 기회였음에도 불구하고 독도에 무궁화 꽃이 필 수 있다는 것을 확인시켜준 성과는 우리 국민 모두에게 감동과 자궁심을 유발하기에 충분하다고 생각하는 작가는 처음부터 '독도 녹화'보다는 '우리 땅을 푸르게'라고 썼더라면 하고 바랐지만 지나간 이야기다. 작가는 독도 녹화에 투영된 교수들의 모습을 주시하면서 공존의 세계를 창조할 수 있는 방법을 수필을 통해서 찾고 있다는 사실이다. 순간순간의 삶에 보다 성실하고 스스로 부끄럽지 않은 원숙한 인생의 맛을 느끼며 살기 위해 수필을 씀으로써 세상의 구원에까지 나아가기도 한다. 이런 인식의 공감대 위에서 작가가 독도 녹화 프로젝트를 통해 행복에 젖어 들고 있는 것은 무료한 일상을 지나가는 시간의 관성이 아니라 창조의 존재로 끌어올리기 위한 의지의 확산으로 보여지기 때문에, 환영할 만하다고 보겠다. 그의 수필을 읽으면 인생을 멋지게 살고 있는 참다운 이의 깨달음이 감동으로 다가온다. 산다는 것은 어느 의미에서는 자신에의 집착을 엮어 가는 일이다. 원근과 대소를 재면서 자신과 관련을 현재화시킬 때 집착에 이를 것은 뻔한 이치다. 인간의 일상적 삶은 여기에 그 거점을 정하고 방향을 터 잡아가는 하나의 흐름이다. 이 수필집에서 읽히는 또 하나는 자신의 존재적 인식을 교정하는 활달함이다. '자유인'으로서 저항할 수 있음은 무아와 달관을 전제로 한 그의 '타자성' 덕분이리라.

V. 나오며

에이브럼즈는 문학의 기능을 거울과 등불 두 가지로 나누고 있다.

작가는 캄캄한 밤에 등불을 들고 어둠 속을 헤매는 영혼들의 갈 길을 일깨워 주는 선지자이어야 하는가 아니면 작가는 그 시대를 물끄러미 비춰주는 거울이어야 하는가. 문제는 거울이 중요하다 등불이 중요하다가 아니라 문학이 지녀야 할 기본적인 미덕을 갖추지 못한 상태에서는 이런 논쟁 자체가 의미가 없다는 것이다. 무엇보다도 수필은 문학이 되어야 한다. 거울이니 등불이니 순수니 참여니 하는 변별은 그다음의 문제다. 동시에 그것은 세계관의 문제이기 때문에 좋고 싫음의 판단이 있을 뿐 우열의 기준이 될 수가 없다. 수필이 상상력이나 예리한 관조, 지적 통찰의 체로 걸러지지 않은 채 쓰여져서는 안 되는 것이다. 수필은 단순한 체험의 나열이어서도 안 되고, 결코 관념의 퇴적장이어도 안 된다. 화려한 수식어의 나열이나 이미지의 배합에 몰두해서도 안 된다. 수필은 삶과 세계에 대한 고도의 세련된 지적 통찰이어야 하는 것이다. 이런 측면에 있어서 김봉구의 작품은 문학이라는 데 누구도 이의를 제기하지 못할 것이다.

김봉구는 '글은 곧 그 사람이다'는 버폰의 표현에 정확히 맞는 언행일치의 삶을 사는 작가다. 평생을 교육계에 투신해서 헌신한 사람으로서 그의 글은 잔잔한 교훈을 남기는 것을 특징으로 한다. 인생을 달관한 삶의 원로로서 버릇없음에 대한 따끔한 질책이 담겨 있는가 하면, 한 가정을 편안하게 리드해가는 가장으로서 일상 속에서 느끼는 편편들에 대한 다소곳한 정감을 수필 속에 용해시켜 내는, 가슴 따스한 작가다. 차분함과 여유에서 나오는 그의 글에는 오늘을 사는 생활인의 가슴 저린 애환이 있고, 따스한 정이 소리 없이 흐르며, 감사하는 생활의 미학이 녹아있다. 이 사실은 <작가의 말>에서, "내가 쓴 글은 지금까지 살아오면서 직접 체험하고 느낀 흥미 위주의 스토리이다. 기록한다는 것은 할 말이 있고 또 전하고 싶은 목표가 있을 때 빛난다. 직장생활을 하면서 살아온 과정을 소박하게 쓰고 싶었던 의도가 이 짧은 글을 쓰게 이끌었다"라고 한 말에서 입증되듯 그는 인정 욕구를 솔직하게 고백하고 있다. 물질만이 기쁨과 행복을 주는 것은 아니다. 나를 있게 한 과거의 끈으로 튼튼한 미래를 창조하려는 창조적이며 포용적 마인드가 중요하다. 그는, 메모지에 삶의 현장을 담고, 이를 바탕으로 베풂과 긍정의 미학을 실천하며, 행복의 나무를 키우고 있다. 그는 정녕 본받아야 할 이 시대의 지성이요, 정말 사상근육이 아름다운 사람이다.

바다는 비에 젖지 않는다

김봉구 수필집

1쇄 인쇄 / 2025년 6월 1일
1쇄 발행 / 2025년 6월 10일

지은이 / 김봉구
펴낸이 / 김주안
펴낸곳 / 도서출판 진실한사람들
주소 / 경기도 하남시 미사강변서로 25, 926호(미사테스타타워)
Tel / 031-5175-6210
Fax / 031-5175-6211
E-mail / munvi22@hanmail.net
등록번호 / 제300-2003-210호
ISBN: 978-89-91905-88-7(페이퍼백)
       978-89-91905-89-4(양장특별판)

값 16,000원(페이페백) / 21,000원(양장특별판)

*잘못 만들어진 책은 구입한 곳에서 교환해 드립니다.